増補改訂版

愛知「地理・地名・地図」の謎

大塚英二・監修
Eiji Ohtsuka

JIPPI Compact

実業之日本社

はじめに

二〇一四年に『「愛知」地理・地名・地図」の謎』を世に送り出してから丸十年たった。十年ひと昔の例えのように、本書のようなテーマを語るとき、データは古くなっていないか、内容的に賞味期限の過ぎたものはないかなど、十分吟味していかねばならない。この増補版はアップ・トゥ・デイトし、今にふさわしいネタも書き加えた。どうか改めて本書を玩味していただきたい。

愛知県は日本列島のほぼ中央に位置し、豊かな自然環境と人的資源にも恵まれ、バランスの良い地域的発展を遂げてきた。古くからモノづくり文化が根づき、産業化が進み、流通を支える陸運・水運が縦横に展開した。それらを背景に、この地域に由来した政治権力（信長・秀吉・家康）と密接につながっている。愛知には、単なる御国自慢ではない矜持に裏付けられた歴史（住民）意識が醸成しているように思う。

地域の経済・文化の中心都市である名古屋は、東西のはざまにあって独自の発展を遂げた。十八世紀の一時期、尾張藩は幕府の政策意図に反した積極経済策をとり、緊縮と風俗統制で火が消えたようになっていた三都とは全く違う繁栄を見せた。特に文化面においては、三都ではかなわなかった各種興業や出版事業が行なわれるなど、多くの文化人、事業家をひきつけた。こうした歴史的経験は現在も継承されているだろう。

ゆえに、愛知はネタが豊富で選び出すのも一苦労である。増補版では名古屋の地名の由来や観光にかかわる話題、豊橋が「ええじゃないか」の発祥地として「町おこし」する姿などを盛り込んだ。どうかこの地域の地理・地名や歴史に裏づけられた秀逸なこぼれ話として、さらには県民が織りなす奮闘の跡として読んでいただきたい。

愛知県は尾張と三河という二つ国から作られ、かつて分県運動が行われ、三河には尾張（特に名古屋）への強い対抗意識があり、同じ色に染まらないよう意識した住民らの地域的活動がある。それらが県全体の活力にもなっていると確信している。

いずれにしろ、日本全体を取り巻く現状は厳しくなっている。だがそのような時だからこそ、謎解きのように楽しく、しかも「くすっ」としながら真面目に地域の問題に向き合えるような素材が必要となるのではないか。本書がそんな形でコミットできたらと密かに考えている。

二〇二四年七月

大塚英二

【目次】

第二章　名前を見れば土地がわかる！　地名の意外な由来

第二章　古今にまたがる道路と鉄道の不思議

第四章　土地の成り立ちがわかる歴史「裏」ミステリー

第五章 なぜここにそんなものが？ 愛知「珍名所」案内

第六章　地理・地形から読み解く　尾張と三河の違い

カバーデザイン・イラスト／杉本欣右
本文レイアウト／Ｌｕｓｈ！
本文図版／勝亦勇
編集協力／合屋順久（アトリエあふろ）
校正／くすのき舎

第一章

眺めていると疑問が湧き出す地図の謎

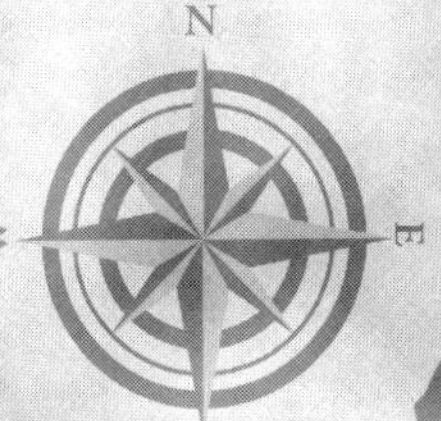

まさに愛知県の代名詞！ 「喫茶店」が異様に多いのはいったいなぜ？

愛知県といえば……であげられるものの一つに、喫茶店がある。県内には、都市部に限らず、どの田舎町にも喫茶店が存在し、市内なら、ちょっと歩けば二、三軒の店がすぐに見つかるほどだ。なかには、道路に向かい合って立つ店すらある。

総務省統計局発表の「経済センサス－活動調査」によると、県内の喫茶店数は六一七一店（二〇二一年調べ）。全国の総数五万八六六九店に対して、一割以上を愛知県が占めている。

これだけ喫茶店があってなぜ経営が成り立つのかと疑問に思えるが、愛知県民の喫茶店好きは相当なものだ。

総務省統計局の家計調査（平成二〇二三年／二人以上の世帯）では、名古屋《なごや》市民が一ヵ月に使う喫茶店代は一万五四九一円と堂々の一位に輝く。二位は東京都区で一万二六二二円、三位は岐阜《ぎふ》市で一万二二六六円だ。全国平均の八〇四六円と比較しても、名古屋は二倍近くの消費額を誇っているのだ。

ひと月に一万円以上も使うとは、名古屋の人は相当なコーヒー好きなのだろうと思うかもしれない。しかし、消費額が多いのには、ワケがある。

愛知県内の喫茶店は、フードメニューが充実している点が大きな特徴。東京や大阪の喫茶店のフードメニューといえばサンドイッチかカレーなどが定番だろうが、名古屋の場合はパスタやピラフに加え、定食類、さらにはうどんやラーメンなど、食堂並みのメニューがズラリと並ぶ。

つまり愛知県民にとって喫茶店とは、ただの「コーヒーを飲む場所」ではなく、「食事に利用する場所」。それゆえ、喫茶店代がかさむというわけだ。

喫茶店が増えたウラには繊維業の繁栄が

なぜ愛知県民は喫茶店で食事をとるのか。この謎に迫ると、喫茶店が多い理由が見えてくる。

戦後の復興期、県内では繊維《せんい》業が栄え、織機《しょっき》をガチャンと一回動かせば、一万円もうかるという「ガチャマン景気」でにぎわっていた。

繊維工場は織機の機械音が響いてうるさい上にほこりっぽく、当然ながら商談や打ち合わせには向かない。そのため、紡織《ぼうしょく》会社が応接間代わりに頻繁に利用したのが、喫茶店だった。さらに忙しい彼らは、昼夜問わず喫茶店を利用する。それに応えるように、フードメニューを充実させる喫茶店があらわれたというわけだ。

昭和三〇年代には喫茶店のオープンラッシュが続き、喫茶店＝食事をする場所として定着していく。さらに一般の人々も客を手軽にもてなすために、家ではなく喫茶店を利用するようになり、喫茶店の需要がますます高まった。こうして愛知県の喫茶店数は、どんどんと増えていったのである。

とくに繊維業が盛んだった一宮市《いちのみや》では、いつの頃からか客へのサービスとして、コーヒーにゆで卵やピーナッツを添えて出すようになった。一説によると、これがいわゆる「モーニング」のはじまりであるといわれ、このサービスが岐阜市を経由し、昭和三〇年代半ば頃に名古屋市にも伝わったのだと考えられている。

愛知県のモーニングサービスといえば、一九六八（昭和四三）年創業のコメダ珈琲店をはじめコーヒー一杯を頼むとトーストやゆで卵、サラダなどが無料でついてくるお値打ち感のあるサービス。

利益を追求するよりも利用者が喜ぶサービスを提供する。これこそ、愛知県の喫茶店が、県民に愛され続けている理由である。

建物も人も町名も！名古屋は清洲を引っ越しさせて作られた!?

愛知県の中心・名古屋市の歴史には、江戸《えど》時代、別の場所から町ごとそっくり持って来て作られたという驚きの事実がある。

この奇想天外《きそうてんがい》な町づくりを行なったのは、現在の愛知県東部・三河《みかわ》出身の徳川家康《とくがわいえやす》だ。

名古屋市はもともと那古野《なごや》という地名で中世に那古野城があったのだが、廃城となってからすっかり荒廃していた。そこに一六〇九（慶長《けいちょう》一四）年、家康は一大都市を建設する計画を立てる。そのプランにそって、まずは一六一二（慶長一七）年に名古屋城の天守《てんしゅ》を完成させると、尾張の中心として栄えていた清洲《きよす》から、丸ごと町を移転させた。後世、「清洲越《きよすご》し」と呼ばれる引越し劇である。

当時の清洲は、人口六万～七万人にもおよぶ大都市で、寺社から商家から何でもそろう町だった。その清洲の建物や住民はもちろんのこと、町名から橋の名に至るまで、文字通りそっくり名古屋に引っ越しさせて町の基盤を作り、さらに周辺各地の商人・職人を移住させ、巨大な町づくりを実行したのである。

「清洲越し」が行なわれたのは、清洲の住民たちが住み慣れた場所からの引っ越しを嫌がらないようにするための措置だったといわれる。

町民への配慮とはいえ、神社・寺院は一〇〇ヵ所以上におよび、六七の町に五条橋《ごじょうばし》、庶民の各家に植わる庭木までをも移すというのだから大ごとである。計画からすべての引っ越しが完了するまでには、七年もの月日がかかり、当然それにかかる費用も莫大だった。

清洲から移った住民たちのうち、有力な商工業者は「御扶助之町人《ごふじょのちょうにん》」として藩からさまざまな特権を授けられ、城下町の発展を牽引していった。今でも五条橋（現在の名古屋市西区那古野一、および中区丸の内一）や元商家の伊藤家住宅（現在の名古屋市西区那古野）などに、「清洲越し」の面影をしのぶことができる。

清洲越しは地震対策の高台移転だった⁉

家康が膨大な時間と費用をかけて清洲から名古屋へ都市を移転したのは、豊臣秀吉《とよとみひでよし》の死後も勢力を保つ西国大名《さいごくだいみょう》への牽制のためというのが、一般的にいわれている説である。

天下統一を果たし、江戸幕府をひらいた家康だったが、西国大名の存在は脅威だった。そこで万一に備えるため、清洲よりもさらに安全な前線基地を作る必要があると考えたというのだ。このとき移転先には、古渡《ふるわたり》や清洲の北東の小牧山《こまきやま》なども候補にあがったが、東西の要衝であること、清洲の十数倍もの台地が広がることなどから、新都市の場所を那古野に決定したのだといわれている。

しかし近年、この移転は地震に備えるための集団高台移転だったのではないか、といわれるようになった。

愛知県埋蔵文化財調査センターの研究員として清洲城発掘調査に参加した服部俊之《はっとりとしゆき》氏は、調査の結果、地下水位が高い清洲は地盤がゆるく、一五八六（天正《てんしょう》一四）年の天正地震で液状化を起こしていたことをつきとめた。

また、名古屋大学名誉教授で元同大学減災連携研究センター長の福和伸夫《ふくわのぶお》氏は、福島正則《ふくしままさのり》に代わって新しく清洲を治めることになった家康が、防災対策の観点から、地盤が強固な台地の上への高台移転を行なった可能性が高いと指摘している。

「清洲越し」から約一〇〇年後の一七〇七（宝永《ほうえい》四）年、南海トラフでマグニチュード八・七の大地震（宝永地震）が起こった際、台地の上は被害が少なかったが、低地では地面が割れて水が噴き出し、多くの家屋が倒壊したという記録が残っている（『鸚鵡籠中記《おうむろうちゅうき》』）。家康に先見の明があったのかもしれない。

なお、「清洲越し」で町を根こそぎ失った清洲はというと、日本有数の大都市の見る影もなく、荒野へと逆戻り。わずかに残った農民たちの手で再開墾されることとなった。

京都に匹敵!? 名古屋の道路がびしっと碁盤の目状に整理されている理由

「碁盤《ごばん》の目」状の町並みといえば、全国的に京都が有名だが、じつは名古屋もまた、美しく格子《こうし》状に区切られた道が整備された町の一つである。

それもきちんと区画整理がなされており、その面積は、市全域の六八パーセントにもおよぶ。区画整理とは、道路や公園、河川などの公共施設を整備し、土地の区画を整えて宅地利用を増やすこと。また、もともとの土地の所有者から条件つきで少しずつ土地を提供してもらい、道路や公園などの公共用地に充当《じゅうとう》することをいう。

名古屋市でいえば、未整理の土地のほとんどが河川や自然緑地であるため、宅地としての区画整理はほぼ済んでいるといえる。それゆえ、区画整理の進行度は、全国の大都市でトップレベルを誇る。

区画整理は、土地の権利の問題から現在も手間どる自治体が多い。そのなかで名古屋市がこれだけの区画整理をなしえたのは、徳川時代の恩恵といえる。

前述したように、名古屋の町を作ったのは徳川家康である。家康は「清洲越し」で町を

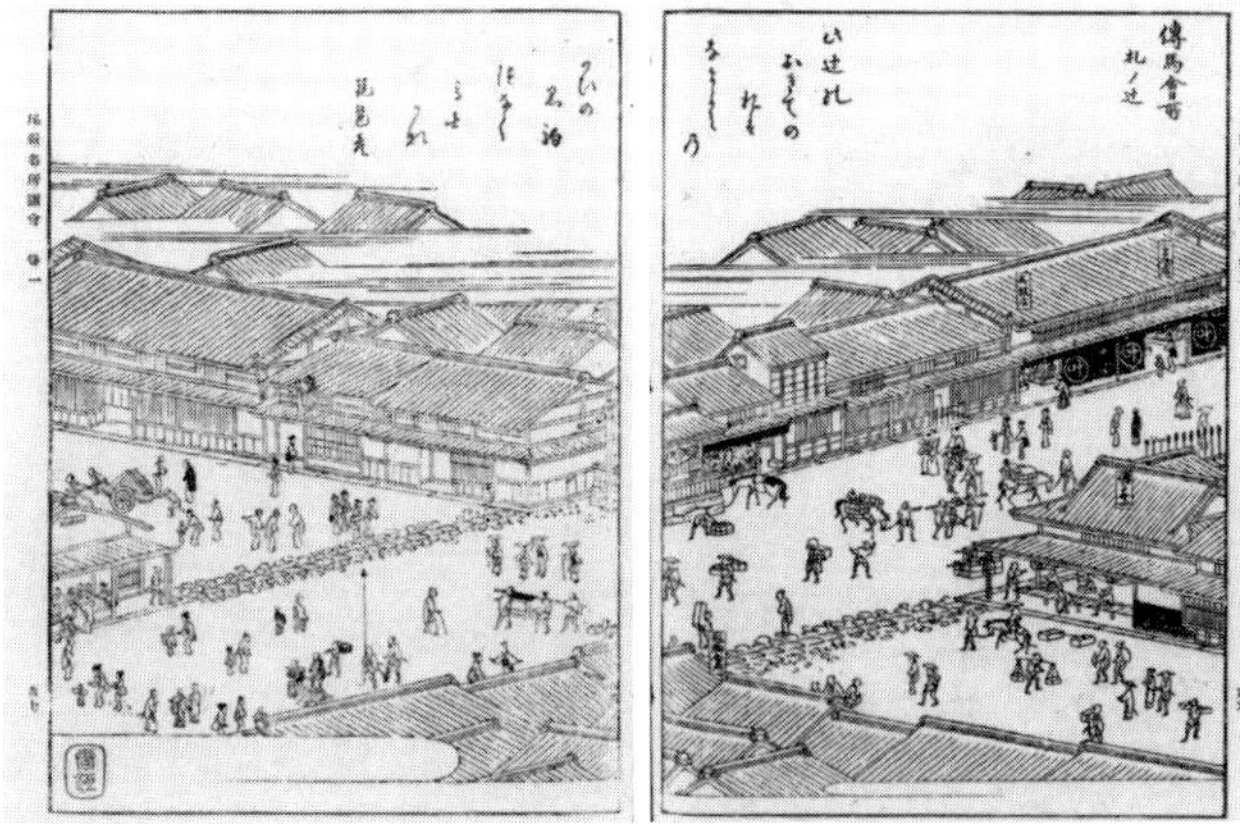

『尾張名所図会』より「伝馬会所」の図（国立国会図書館蔵）。家康は、南北は広小路から外堀通、東西は久屋通から堀川まで碁盤の目状に区画した地域を作り、町人の町とした。図から直線的な道が形成されていたことが見てとれる。

移動させる際、名古屋城の南側に接する三《さん》の丸《まる》地区に上級武士の屋敷を置き、東側と北西には中・下級武士の屋敷を置いた。さらに、三の丸の南側に町人の町、いわゆる城下町を作ったのだが、このとき武家地、町人地ともに「碁盤割り」と呼ばれる格子状の直線道路を作っている。当時の城下町は、敵の侵入に備え、鉤形《かぎなり》の道や丁字路《ていじろ》を用い、迷路のような作りにするのが一般的だった。それをあえて見通しのよい碁盤割りにしたのは、町の防衛に絶対の自信があったからだといわれる。

つまり、名古屋は他の城下町と異なり、そのスタート時から碁盤の目の形をした町並みとなっていたのである。整然とした町並みは明治維新後にも受け継がれ、現代に続く都市計画の基盤となった。一九二〇（大正九）年に施行された「都市計画法」では、内務省の技師として名古屋に赴任した石川栄耀《いしかわひであき》が近代の名古屋市のグランドデザインを決定した。石川は当時の名古屋市域よりも大きな区域を含む道路、公園、防災区域などの都市計画を進め、この都市計画を実現するために熱心に区画整理を進めていった。

名古屋の中心部は家康が作り、市街地は石川が区画整理で作ったのだ。

補助金の転用という大胆な発想

名古屋の区画整理が進んだ背景には、資金面の工夫もあった。じつはこのとき名古屋市は、農地を整備する「耕地整理」の名目で国から得た補助金を、区画整理に転用し、宅地や道路、工場用地を整えた。こうして大都市へと成長させたのである。

この名古屋の区画整理は、太平洋戦争後の復興にも活かされることになる。各地の戦災都市の復興が進まないなか、名古屋市は内務省の田淵寿郎《たぶちじゅろう》を招くと、戦後半年で市復興計画の基本方針を発表し、猛スピードで実施。あっという間に道路と区画を線引きし、市民はその計画にしたがって家を建てることとなった。こうして一部を除き、戦災復興事業をほぼ計画通りに進めた名古屋は、家康の碁盤割りを踏襲しながら、整然としたビジネス街へと生まれ変わったのである。

名古屋市中心部の碁盤割りの変遷

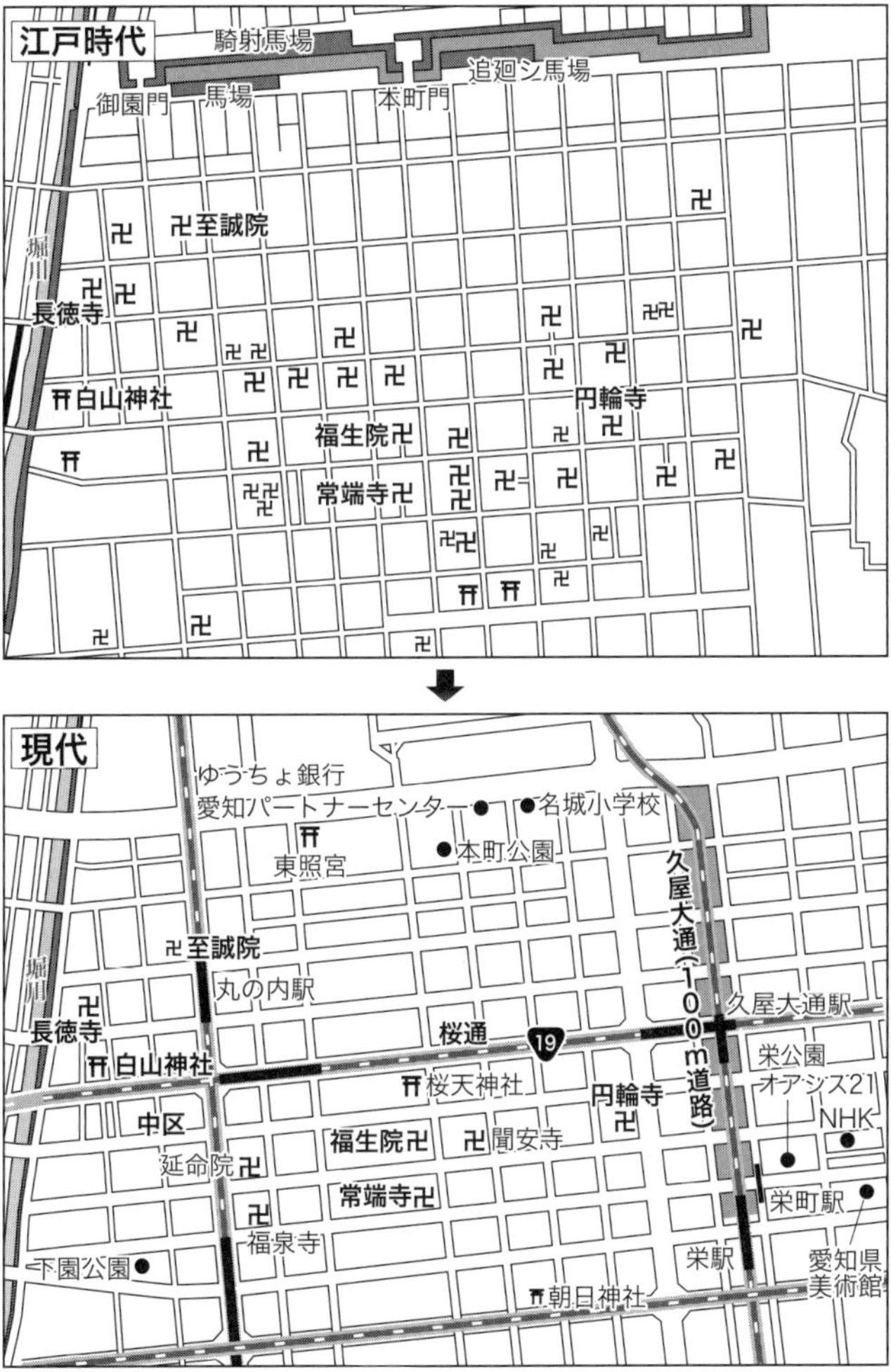

江戸時代と現代の道を比較すると、家康の碁盤割りがベースになっていることがわかる。長徳寺や福生院など、江戸以前から続く古刹も少なくない。

どっちがほんと？「桶狭間の戦い」の史跡はなぜ二ヵ所もあるの？

一五六〇（永禄《えいろく》三）年、尾張を統一したばかりの若き織田信長《おだのぶなが》が二〇〇〇〇ほどの手勢で、二万五〇〇〇もの兵を率いていたといわれる当時の大大名・今川義元《いまがわよしもと》を討ちとった。いわゆる「桶狭間《おけはざま》の戦い」だ。

後世の人に強烈な印象を与えたこの大逆転劇は、ここ愛知県で起きた。そして現在、県内には桶狭間の戦いの跡地が、史跡として残されている。

さて、ここで愛知県の地図を広げて場所を確認してみると、少し戸惑ってしまうかもしれない。じつは愛知県には、桶狭間の戦いの古戦場が二ヵ所あるのだ。一つが豊明《とよあけ》市栄《さかえ》町《ちょう》で、もう一つが名古屋市緑《みどり》区桶狭間である。

豊明市の「史蹟桶狭間古戦場」は、名鉄中京競馬場前駅《めいてつちゅうきょうけいばじょうまええき》から徒歩五分の位置にあり、現在は碑と小さな公園が作られている。信長が奇襲をかけたとされる谷の地形であり、その北方の「おけはざま山」が義元の本陣だったという。

一帯にある高徳院には、義元の墓や戦場で使われた鎧や兜も残されているほか、近くに

⁂ 県内にある二つの「桶狭間古戦場跡」

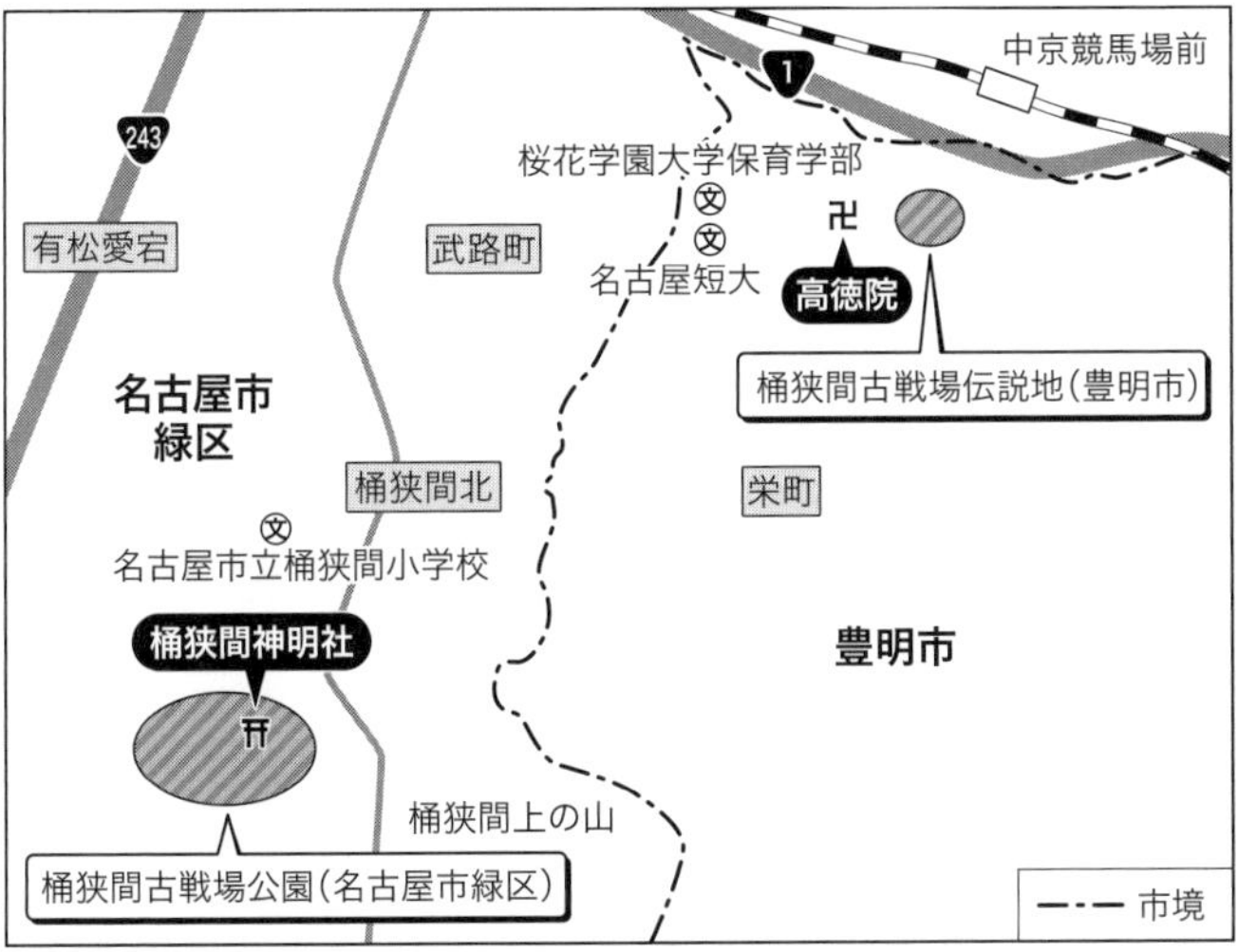

名古屋市緑区の「桶狭間古戦場公園」から北東2キロメートルほどの位置に豊明市の「桶狭間古戦場跡」がある。豊明市は義元の本陣付近とされ、緑区は義元が休息をとった田楽狭間であると考えられている。

桶狭間の戦いの戦没者を葬ったとされる戦人塚《せんにんづか》があることが、古戦場を名乗る根拠とされる。

一方、名古屋市緑区の古戦場跡は、今は「桶狭間古戦場公園」として整備されている。こちらは今川氏の家臣が戦いの評議をした「戦評《せんぴょう》の松」や、信長が遺体の埋葬を命じた「七《なな》ツ《つ》塚《づか》」などの伝承地のほか、合戦時に義元の首実検《くびじっけん》が行なわれ、のちに義元の木像が安置されたという長《ちょう》福寺《ふくじ》がある。

いずれも「なるほど、ここが激戦の舞台か」と思わせるだけの根拠があるが、二ヵ所あるとはどういうことか。

義元は軍を二手にわけた!?

どちらが本当の場所なのだろうと思うところだが、地図をよく見ると、豊明市の古戦場と緑区の古戦場公園は、直線距離にしておよそ二キロメートルしか離れていない。当時、三万近くもの大軍が一堂に会し、にらみ合っていたのだから、合戦場は広範囲におよんでいたはずだ。そう考えると、どちらも戦場の一部だった可能性がある。

一九六五（昭和四〇）年に名古屋市で発足した「桶狭間古戦場調査委員会」の調査報告書によると、戦場は旧豊明村（現在の豊明市）から旧桶狭間村（現在の名古屋市）にまたがる範囲だったのではないかと結論づけている。

つまり、昔は一帯が戦場であると認識されていたのだが、その後、行政区画によって別々の自治体となったため、二つにわかれてしまったことも考えられる。

一方で、歴史学者の小和田哲男《おわだてつお》氏は、次のような興味深い説を唱えている。

「おけはざま山」で奇襲を受けた義元は、軍を二手にわけた。沓掛城《くつかけ》に戻ろうとした一軍は豊明市域で討たれ、大高城《おおだか》に逃げようとした一軍は名古屋市域で討たれたのではないか。そう考えれば、古戦場跡が二ヵ所あっても不思議ではない、というのである。いずれにせよ、どちらも本当の戦場であったことには、間違いなさそうだ。

（上）豊明市の「史蹟桶狭間古戦場」。公園の入り口に立つ石碑には、緑区への遠慮なのか目立たない大きさで「伝説地」の文字が彫られている。（下）名古屋市緑区の「桶狭間古戦場公園」。写真は「近世の曙」と名づけられた銅像で、公園内のシンボル的な存在だ。

寒冷地域でもないのに、愛知県がフィギュアスケート王国なのはどうして？

二〇二二（令和四）年二月に、多くの感動を見せてくれた北京オリンピック。さまざまな競技があったなかでも、日本人が注目していた種目の一つにフィギュアスケートがあげられるだろう。じつはこのフィギュアスケートの選手のうち、宇野昌磨《うのしょうま》、木原龍一《きはらりゅういち》、河辺愛菜《かわべまな》の代表選手三人は、全員愛知県出身という共通点がある。

これまでも愛知県は、山田満知子《やまだまちこ》や伊藤みどり、浅田真央《あさだまお》など、多くの優れたフィギュアスケート選手を輩出してきた。

冬季スポーツといえば、東北や北海道などの雪深い地域を思い浮かべるが、極寒の地域でもない愛知県が強豪県になったのには、何か理由があるのだろうか。

理由の一つに、小塚光彦《こづかみつひこ》氏からはじまる指導者のリレーがあげられる。光彦氏は、男子フィギュアスケーターとして第一線で活躍した小塚崇彦《たかひこ》の祖父で、戦前の満州《まんしゅう》において選手として活躍したのち、帰国後は名古屋で後進の育成にあたった人物だ。

ここから、教えを受けた選手がやがて引退し、指導者になってまた次世代の選手を育てるという循環が自然にできあがった。

光彦氏の指導を受けた一人、山田満知子コーチが育てたのが、一九九二（平成四）年のアルベールビルオリンピックで銀メダルを獲得した伊藤みどり。これが日本の、そして愛知県のフィギュアスケート熱に火をつけたといえる。

以降、恩田美栄《おんだよしえ》、中野友加里《なかのゆかり》、安藤美姫《あんどうみき》、浅田真央、宇野昌磨と国際大会の表彰台に立つスター選手が次々あらわれるようになったのである。

このような指導者の循環というソフト面の充実がある一方で、ハード面の充実という面も見逃せない。

愛知県には、名古屋スポーツセンター、邦和《ほうわ》スポーツランドなど、通年利用できるアイススケートのリンクが九ヵ所もある。オフシーズンも氷から離れることなく練習できる環境は、選手にとって重要だ。

また、設備の整ったリンクを擁する中京《ちゅうきょう》大学が学生の選手をバックアップし、選手が社会人になってからはトヨタなどの地元企業が受け入れ、サポートを行なう。

このような好条件が重なったことで、愛知県はフィギュアスケート王国と呼ばれるまでになったのだと考えられる。

名古屋市内にお寺が集まって立つエリアがある不思議

名古屋市中《なか》区の大須《おおす》観音《かんのん》周辺は、飲食店を含め、若者に人気の店がたくさん集まるにぎやかな地域だ。そんな繁華街でありながら、ちょっとあたりを見回すと、お寺がたくさんあることに気づく。

地名にも駅名にもなっている「大須観音」こと北野山《きたのさん》真福寺《しんぷくじ》宝生院《ほうしょういん》を中心に、織田信長の父・信秀《のぶひで》が創建した万松寺《ばんしょうじ》、桜と紅葉の名所の七寺《ななつでら》など、一〇を超える真言宗《しんごんしゅう》の寺院が固まっている。

じつは市内で寺院が集中する場所は、大須観音周辺だけではない。東《ひがし》区東桜二丁目周辺や中区新栄一丁目周辺にも、同じように寺院が立ち並ぶ。こちらは含笑寺《がんしょうじ》や法華寺《ほっけじ》など、おもに曹洞宗《そうとうしゅう》と日蓮宗《にちれんしゅう》の寺が集まっており、古くは「東寺町《ひがしてらまち》」と呼ばれていた。対して大須観音一帯は、「南寺町《みなみてらまち》」と呼ばれていた。どうして、寺院が密集する地域ができたのだろうか。

歴史を振り返ると、江戸時代は、武士も庶民も僧も、自由に家の場所を決めることがで

※ 現在に残る南寺町と東寺町

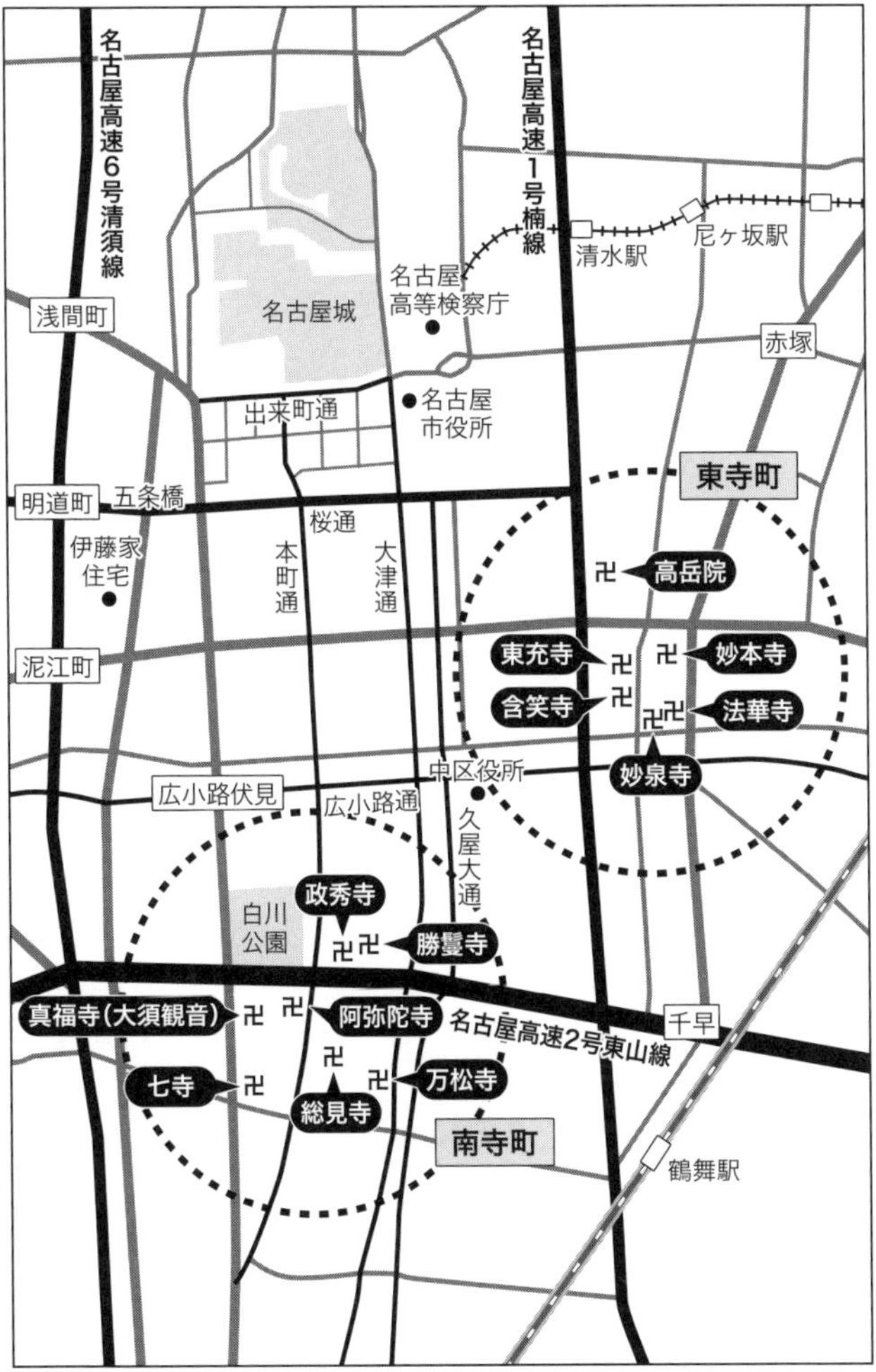

江戸時代、町の防衛地点として集められた寺院のうちのいくつかは、今も変わらずに城の南部と東部により集まって建てられている。

きなかった。決めるのは藩であり、武家の住居や寺社の場所が厳しく管理されていたのだ。現在の東寺町、南寺町にある寺の多くは「清洲越し」によって清洲から移転されてきたものので、もともとバラバラの場所にあった寺が、尾張藩の思惑から一点に集められたのである。

大須観音周辺は、大須観音の門前町であるのはもちろんだが、城下から熱田神宮《あつたじんぐう》、そして東海道《とうかいどう》へとつながる街道沿いに位置する。東区や中区は、岡崎《おかざき》街道と飯田《いいだ》街道に通じる場所だった。

街道は、物流の動脈であり、また外敵の侵入路である。そこで尾張《おわり》藩は、街道筋に寺院を置いて城下の防衛拠点にしたのである。

江戸時代の寺院は広大な境内を与えられていたため、本堂に大勢の将兵を集めて寝泊まりや食事をさせることができた。自軍の将兵のほか、援軍を留めておくためにも寺を駐留地とするのは都合がよかったのだ。

一方で、仏教勢力は一向一揆《いっこういっき》を起こすなど、大名にとって頭の痛い存在であったため、城から少し離れた地域に集めたいという事情があったようだ。目が届く距離を保ちながら城から微妙に遠ざけ、さらには防衛拠点として利用する。いわば藩にとって一石二鳥の配置だったのである。

なぜこんなところに？
道路上にドカンとそびえる大鳥居の謎

名古屋市営地下鉄・東山《ひがしやま》線の中村公園駅を降りて地上に出ると、巨大なコンクリート製の鳥居が目に入る。

高さ二四メートル、柱の太さは直径二・四メートル、鳥居上部に横たわる笠木《かさぎ》の長さは三四メートルと圧倒的な迫力を持ち、全体が朱色に塗られていることもあって、目立つことこの上ない。

鳥居があるのは、豊国通《とよくにどおり》と太閤通《たいこうどおり》、そして鳥居通《とりいどおり》が交わる五叉路《ごさろ》で、片側一車線の豊国通をちょうどまたぐように立っている。

道路のど真ん中にそびえるこの鳥居、いったいなぜこんなところに建てられることになったのか。

一九二一（大正一〇）年、ここ中村の地が名古屋市に編入されることが決まると、地元住民有志は、それを記念するモニュメントの建設を計画した。もっとも、このとき考えられていたのは鳥居ではなく記念塔で、現在の大鳥居から五〇〇メートルほど北に位置する中村公園のなかに建てる計画だったという。

さらに中村は豊臣秀吉の出生地。そこで秀吉にちなんで千成瓢箪《せんなりひょうたん》を作り、加藤清正《かとうきよまさ》や徳川家康ら武将までも登場させるという、記念碑ながらなんとも奇抜な案までも、当初あがっていたようだ。

それに対し待ったをかけたのが、当時の市長である。公園の敷地は設計で五四尺（約一六メートル）とされた塔を建てるには狭く、それ以前に、記念塔や記念碑という発想自体が古めかしいと反対した。

そこで建設委員会は、当時、京都の平安神宮が大きな鳥居を立て、話題になっていたこともあり、大鳥居の建設を決議したのだという。二四メートルという高さは、平安神宮の大鳥居と同じで、当時の日本一であった。

鳥居の場所は、中村公園内にある太閤《たいこう》秀吉を祀る豊国《とよくに》神社の参道の入り口と決められた。豊国神社は一八八五（明治一八）年に創建された神社で、秀吉の子・秀頼《ひでより》の筆による豊国大明神の書や陣太刀などが所蔵されている。

つまり、今でこそ鳥居は道路の真ん中になってしまっているが、もともとこのあたりは農村で、自動車が走るような大きな道はなく、単純に豊国神社の一の鳥居として造られたのである。

中村の大鳥居。鳥居の巨大さは、道を走る乗用車や隣に建てられた5階建ての建物と比較すれば一目瞭然。鳥居をくぐり、参道にあたる豊国通を進むと、豊国神社にたどり着く。

ここに工事の際の資料がある。それによると、総工費は一万四二二一円五〇銭。現在の価値に換算すると、およそ一二〇〇万円にもなったようだ。しかし資金が足らず、多くの企業や個人の寄付と協力もあって、八年後の一九二九（昭和四）年にようやく完成した。翌年の一月一日の竣工式では、御神楽《おかぐら》や花電車がくり出し、遠方からも見物人がやってきて、西名古屋中が混雑するほどだったという。

その後の大鳥居は、塗り直しなどの補修工事こそあれ、戦災にあっても倒れることなく、今も「中村の大鳥居」として地元に親しまれている。

物流のヘソ・愛知には外資系企業が大集合している！

「本州のヘソ」を名乗る長野県上水内郡《かみみのちぐん》小川村や、「緯度・経度から見たヘソ」を名乗る兵庫県西脇《にしわき》市、「人口重心としてのヘソ」を名乗る岐阜県郡上市《ぐじょうし》美並《みなみ》町（現在の人口重心は同県関《せき》市）など、日本の真ん中、いわゆる「ヘソ」をPRする自治体は数多い。

そのなかで愛知は、物流の中心＝ヘソであるといえそうだ。その事実を示すのが、県内にある外資系企業の数の多さだ。二〇二〇年三月の統計によると、愛知県には八二社もの外資系企業が所在し、東京都、神奈川県、大阪府につぐ全国4位の会社数となっている（経済産業省「外資系企業動向調査」）。

一例をあげれば、フォルクスワーゲングループジャパンの自動車産業をはじめ、イケア・ディストリビューションサービス（運送事業）など、さまざまな業種におよぶ。

もちろん、東京に本社を置く企業も多いが、首都をのぞけば、愛知の多さは突出する。

そこで愛知を本拠とする外資系企業に理由を尋ねると、次のような答えが返ってくる。

それは「全国へ商品を輸送する際、愛知県が一番効率的だから」。愛知県は地理的に見ても日本のほぼ真ん中に位置するうえ、県南部には名古屋港、衣浦《きぬうら》港、三河港と大きな港湾が三つもある。日本国内にかぎらず、海外を相手に自動車や工業資源、原材料などを輸送するのに便利なのだという。

ＪＥＴＲＯ（日本貿易振興機構）が行なったアンケートによると、外資系旅行会社のインサイドジャパン・ツアーズ・リミテッドは、「日本を訪れる外国人観光客のおもな立ち寄り先である東京と京都の中間だから愛知県を選んだ」と回答している。目論見は当たり、双方のホテルや観光事業者からアプローチがあるという。また、最近の業務はインターネットでのやりとりが主流となっているため、わざわざ東京に拠点を置くメリットは薄れていることもあげられる。

さらに、愛知県の行政が日本法人立ち上げのサポートに熱心であること、東京に比べて立ち上げのコストを抑えることができること、自然が多く周辺環境が従業員の居住環境にプラスに働くことなど、さまざまな利点がある。

日本の企業は「本社を置くなら、とりあえず東京に」と思いがちだが、世界を相手にする企業は、ブランドよりも合理性を重んじているようだ。

三蔵通近くに倉庫会社が多いのは、豊臣時代の名残だった

現在の名古屋市・下広《しもひろ》井《い》交差点から天王崎橋《てんのうざきばし》のあたりの地図を眺めていると、どことなく倉庫会社が多いことに気づく。これには理由があり、歴史的に見ると、話は戦国時代近くまでさかのぼる。

じつは安土桃山時代から江戸時代にかけて、この地は兵糧を蓄える蔵が置かれていた。当時の名残を残すのが、現在下広井町から天王崎橋を越え、久《ひさ》屋《や》大通《おおどおり》までを結ぶ「三蔵《みつくら》通《どおり》」という地名だ。実際にあった三つの蔵が、地名の由来なのだという。

安土桃山時代、北条《ほうじょう》氏の居城である小田原《おだわら》を攻める豊臣秀吉は、予想外の苦戦を強いられていた。戦いが長期化するとともに、大軍の兵糧《ひょうろう》の蓄えに苦心するようになる。そのため当時の清洲城主である福島正則《ふくしままさのり》が、城内に長さ三〇間（約五五メートル）もある大きな蔵を三つ作り、兵糧を蓄えたのである。

この蔵もまた、町中が名古屋へと移転された「清洲越し」の際、名古屋の広井という場所に移された。

のちにこの地域には、三つの蔵以外にも多くの蔵が建てられることとなったが、もとの米蔵から名前をとり、「三ツ蔵」と呼ばれるようになったという。

蔵は物流ルートが確保されていなければ、機能しない。そこで、米蔵を作るにあたり、清洲越しに先立ち正則が家康に命じられて開削した、熱田湊《あつたみなと》から城下までをつなぐ堀川沿いのこの地が選ばれた。開削当時、全長七・二三六キロメートル（現在の全長は約一六キロメートル）、幅は二二メートルもあったからこそ、舟運《しゅううん》を用いて年貢米などの物資を大量に運ぶことができたのである。

実際に江戸時代には、熱田湊に届くさまざま物資は、堀川をさかのぼって城下に運ばれていた。

同じように尾張藩の収納した米も川を渡って運ばれ、この地方に並び立つ蔵に、七万石（七万両）あまりが保管された。七万両といえば、現在の価格にしておよそ一五〇億〜二〇〇億円相当である（米価換算の場合）。こうして三ツ蔵は、尾張藩の大金庫となり、堀川沿いは多くの蔵と問屋が並ぶ名古屋の一大経済地として栄えた。

また、明治時代になると、東海倉庫株式会社（現東陽倉庫）が堀川の舟運に便利なこの土地を買いとり、倉庫を設置している。今も倉庫会社が比較的集中しているのは、こうした歴史があったからだろう。

十二支にまつわる社寺が名古屋市周辺に存在する！

愛知県は四七都道府県の中で寺社仏閣の件数が最も多い県である。寺院の数だけに絞っても日本一。文化庁編の宗教年鑑二〇二二年度版によると、都道府県別の宗教団体（宗教法人を含む）の数で最も多かった愛知県は七八八七件。寺院数のみだと四五三三件で寺院数二位の大阪が三三六九件なので断トツだ。愛知県は神社のみの数でも三三五四件と全国四位。

　ではなぜ、愛知県に神社仏閣が多いのだろうか？　明確な理由はわからないが、立地的に東西の交通・交流により、人の行き来が多く、その分、いろいろな宗派が入り込んできたであろうことや、戦国時代から織田家・豊臣家・徳川家によって長らく手厚い保護を受けていたことなども理由として挙げられるだろう。

　そんな愛知県のなかで興味深いことがある。実は、名古屋市周辺には十二支の動物にかかわりのある社寺が多いのだ。正月に左記の表の干支にまつわる神社で初詣をして、各神社の由緒を調べてみるのもおもしろそうだ。

※十二支にまつわる社寺

子	金神社《こがねじんじゃ》（名古屋市北区）	境内に小づちを担いだ金ねずみの像がある
丑	山田天満宮（名古屋市北区）	なでると病気平癒の御利益がある「撫で牛」の石像がある
寅	尾張信貴山泉浄院《おわりしぎさんせんじょういん》（犬山市）	参道にはこま犬ではなく「こま虎」の石像がある
卯	三輪神社（名古屋市中区）	福兎の石像があり、ウサギの絵馬や御朱印もある
辰	龍神社（名古屋市東区）	プロ野球の中日ドラゴンズゆかりの神社
巳	龍耳社《りゅうじしゃ》（名古屋市名東区）	御朱印には耳がついた蛇が描かれている
午	真清田神社《ますみだじんじゃ》（一宮市）	境内は神馬の像がある
未	羊神社（名古屋市北区）	境内に羊の石像がある
申	清洲山王宮 日吉神社（清須市）	境内に24体の猿の像がある
酉	泥江縣神社《ひじえあがたじんじゃ》（名古屋市中区）	「宵鳴き鶏」の民話が残り、かつて鶏が境内で飼われていた
戌	伊奴神社（名古屋市西区）	犬にまつわる伝説が残る神社で、「犬の王」の石像がある
亥	猪子石神明社《いのこいししんめいしゃ》、猪子石神社、大石神社（名古屋市名東区）	境内に猪の形をした石がある

人口およそ四六〇〇人の村なのに、日本一お金持ちの自治体に！

名古屋市の南に隣接する飛島《とびしま》村は、人口およそ四六〇〇人（二〇二四年四月現在）、面積は約二二・四三平方キロメートルという小さな村だ。ところがこの村の税収はというと、二〇二二年度決算で四三億六六七一万円。豊かさを示す「財政力指数」は二・〇二と、二位の青森県六ケ所村の一・六二を突き放しての一位である。

この豊かさのもとはというと、税収のおよそ八〇パーセントにおよぶ固定資産税だ。村の南部は臨海工業地帯《りんかいこうぎょうちたい》となっていて、二〇〇社を超える企業が立ち並ぶ。そこからの税収が年間四七億円にもなるのだ。

飛島村ではその豊かさを村民にあますことなく還元している。子どものいる世帯や高齢者には節目ごとに祝い金を贈呈し、子どもの医療費は一八歳まで一律無料。中学二年生の子どもには、応募者のなかから面接を行なったうえで夏休みに全額村の費用でアメリカへの一週間の研修旅行をプレゼントしている。さらに一人暮らしの老人には乳酸菌飲料を無料支給するなど、至れり尽くせりである。

当然ながら、村役場やスポーツ施設、温泉、小中一貫の「村立飛島学園」など、村内の建物はどれもが立派で豪華な造りである。

飛島村の豊かさは、周辺自治体もうらやむところで、「平成の大合併」では、いくつもの自治体から合併話が持ちこまれたという。しかし住民アンケートで反対が多く、村としても合併にメリットが見出せなかったため、すべてに断りを入れている。

リッチな村にも苦難の過去があった

もちろん、飛島村とて最初から豊かだったわけではない。一九五九（昭和三四）年の伊勢湾台風では一三二人もの村民が犠牲になり、住宅の多くも壊滅的な被害を受けた。翌年の「財政力指数」は〇・二二と極端に低く、以後厳しい状況が一〇年ほども続いたのである。

だが、一九七一（昭和四六）年、名古屋港内の「西部臨海工業地帯」の一部が村に編入されたことが転機となる。

村内に一大工業地帯が生まれ、多額の固定資産税が納められるようになったのである。

財政的に豊かになった飛島村だが、一方で大きな問題を抱えている。人口が増えないのだ。名古屋駅から二〇キロメートル足らずという好立地で、通勤圏に適合するため、引っ越して住民になりたい人はいるのだが、アパートやマンションをはじめ、宅地を増やすことができないからだ。

　のどかな田園風景が広がる村の北部は干拓によって作られた農地だが、海抜ゼロメートル地帯であり、南部もまた埋め立てで造成された臨海工業地帯のため、海抜が低い。

　そのうえ、村の土地の平均海抜は、マイナス一・五メートルと水害のリスクが高いため、防災上、開発が原則として認められない市街化調整区域に指定されているのである。

　村としても、人口の減少に危機感を抱いているそうだが、現在のところ歯止めとなる有効な手段は見つかっていない。

第二章
名前を見れば土地がわかる！地名の意外な由来

「名古屋」はかつて「那古野」だった？ 読みは「なごや」？「なごの」？

「名古屋」の地名の由来にはさまざまな説があり、確定はされていない。「なご」は霧を意味するので、霧の立つ野という意味から来ているとか、古代の荘園制の時代からある「那古野庄《なごのしょう》」という地名から来ているとか。ただ、沖縄県の「名護」、佐賀県唐津市の「名護屋」、千葉県成田市の「名古屋」など、全国にある「なごや」の地名例と共通している点を考えると、「薙《な》ぐ」から来た「なご」ではないかという説に信ぴょう性を感じる。「薙ぐ」には、水平に切り払ったような侵食＝崩壊した地形という意味があり、「削られて平らな場所」であるという意味がある。つまり「なごや」は「削られて平らな場所」を由来とする地名だと考える説こそが、有力なのではないだろうか。

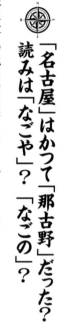

そんな「名古屋」のかつての漢字表記は「那古野」だった。この「那古野」という表記の地名は、現在も名古屋市中村区及び西区に残っており、読みは「なごの」である。

また、中区丸の内には、かつて名古屋城の総鎮守で、名古屋の氏神として祀られた由緒ある神社「那古野神社」がある。この神社の名称の読みについても実にあやふやで、愛知県神社庁から発行された「愛知縣神社名鑑」には「那古野《なごの》神社」と記載されているが、神主さんの話によると正しい読みは「なごやじんじゃ」と伝わっているという。境内にある名古屋市教育委員会によって設置された案内板にも、確かに「那古野《なごや》神社」と記載されているのだ。「なごや」か？「なごの」か？実際、名古屋駅でタクシーに乗り込んで、ドライバーに「那古野《なごや》神社までお願いします」と伝えると、「？」と首をひねられる。「丸の内の東照宮の隣の……」と重ねて伝えると、「あ〜、那《な》古野《ごの》神社ですね」と……。「名古屋」は「なごや」、「那古野」は「なごの」という読み方のイメージが、今の名古屋市民には定着しているようである。「名古屋」の地名の由来同様、「那古野」の読みも、まだまだ確かなことがわかる日は遠いようだ。

名古屋市中区丸の内にある「那古野神社」境内の案内板には、はっきりと「なごや」の文字が記載されている。

自動車産業の都市としての大決断！歴史ある地名を消した豊田市

トヨタ自動車は、世界に名だたる日本企業の一つに数えられる。その本社が置かれている場所は、愛知県豊田《とよた》市トヨタ町一番地だ。

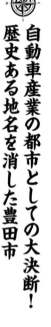

豊田市という市名は、いうまでもなく、トヨタ自動車を由来としている。一企業の名前がそのまま市名となっているのは、全国的に見て珍しい。しかしそんな特例も、市の税収入の七〇パーセントがトヨタ自動車とその関連企業で占め、市内の製造業従業者の七七パーセントが自動車関連工場で働き、市内には本社や複数の工場、厚生施設などがそろう企業城下町と考えれば、不思議ではない（総務省「二〇二一年経済構造実態調査」）。

とはいえ、もともとの地名は別にあった。この地は徳川家康《とくがわいえやす》の先祖にあたる松平《まつだいら》氏発祥の地・松平郷を含み、江戸時代の中心地は挙母《ころも》藩の名で呼ばれていた。

明治に市制・町村制が施行されると、挙母市（当初は挙母町）となり、養蚕《ようさん》・製糸業の町として繁栄する。しかし、昭和のはじめに軽工業の需要が減少していくと、徐々に活気を失っていった。

そんな町をもう一度元気づけたいと願う市長が目をつけたのが、豊田《とよだ》自動織機《しょっき》製作所が新設を予定していた自動車製造工場だった。

一九五四（昭和二九）年、市は「工場誘致奨励条例」を公布し、自動車産業を中心とした工業都市への転換を図る。昭和三〇年代には、自動車産業の発展とともに挙母市の自動車産業も軌道に乗っていったのである。

そして一九五八（昭和三三）年、工業都市としてさらなる飛躍を目指した挙母市は、一つの大きな決断を迫られた。

クルマの町として成熟してきたこと、その反面、地名の挙母が読みにくいことから、商工会議所が市名変更の嘆願を出したのだ。

いかに市の再生にトヨタ自動車が寄与したとはいえ、挙母という地名には歴史があり、市民にとって愛着もある。改称には反対運動が起こり、議論によって市は二分された。だが、企業城下町であること、自動車産業の都市としてさらなる発展を目指すことから、一九五九（昭和三四）年一月、豊田市へと市名を変更したのである。

以後、豊田市といえば、トヨタ自動車の町として知られ、豊田市が名実ともに「クルマの町」として発展していったのは周知のとおりだ。

なお、市名としての「挙母」は消えたものの、市内には挙母町、上挙母《うわごろも》があり、地名としての「挙母」の名は残されている。

つるま？　つるまい？「鶴舞」の正しい読み方は？

「鶴舞」は、名古屋《なごや》市でよく聞く地名の一つで、さまざまな公共施設の名にも冠されている。たとえば地下鉄の路線名や駅名、図書館、小学校、そして公園などがあげられる。

しかし、戸惑ってしまうのが、その読み方。路線名と駅名は「つるまい」だが、図書館や小学校、公園は「つるま」と読むのだ。

読み方は市民すらも迷うというが、本当のところどちらが正しいのだろう。

『角川日本地名大辞典23　愛知県』（角川書店）によると、この周辺は、もともと水をたたえるところ、水の流れるところという意味で「水流間《つるま》」と呼ばれていたという。

また、『名古屋市史　地理編』の鶴舞町の項には、「鶴舞の名、初めはツルマと假名《かな》にて書せしを、後に漢字を當《あ》てたるものにして……」とあり、歴史的に見れば、「つるま」が正しいことがわかる。

水流間から鶴舞へと字が変化したのは、明治時代末のこと。

名古屋で共進会《きょうしんかい》（現在の産業博覧会）を開く計画が立てられ、一帯を公園として造成し、会場にすることになった。そして一九〇九（明治四二）年に完成した公園につけられた名

（上）鶴舞駅ホーム上の表示板には、「つるまい」と仮名書きされている。一方、鶴舞中央図書館の入り口ではローマ字表記で「Tsuruma」とある（下）。

前が「鶴舞公園」である。同年の名古屋市告示によると、「つるまこうえん」とルビがふられている。

　この鶴舞の字があてられるようになったのは、『金《こん》鱗《りん》九《つ》十《く》九《も》之《の》塵《ちり》』に記された「周辺に鶴が多く生息していた」という言い伝えが関係していると考えられている。

　読みはそのままに「鶴舞」という字が使われるようになったわけだが、字面《じづら》から「つるまい」と読んでしまう人があとを絶たず、読み方に混乱が生じるようになった。

そして一九三七（昭和一二）年、「つるまい」読みを定着させる出来事が起こる。国鉄（現在のＪＲ）中央線に開設された駅が「鶴舞《つるまい》駅」と名づけられ、のちに開通した地下鉄でも「つるまい」が用いられるようになったのだ。

こうした経緯から、現在まで名前の読み方が混在し続けているのである。

塩屋、荒浜、汐田……内陸部にあるのに海にまつわる地名が多い謎

名古屋市南《みなみ》区の地図を眺めていると、「荒浜町《あらはまちょう》」「汐田町《しおたまち》」「浜中町《はまなかちょう》」など、海や浜辺を連想させる地名が多いことに気づく。

周辺は今でこそすっかり埋め立てられて海とは接していないが、かつては「あゆち潟《がた》」と呼ばれた海の干潟があり、その特性に合わせて良質な塩を作る塩の産地でもあった。

そのため区内には、塩に関する地名も多く見受けられる。たとえば、塩水を煮詰める作業を行なう「塩屋《しおや》」や、塩水を煮詰めるときに用いる竈《かまど》を由来とした「千竈《ちがま》」などがその代表である。

また、地名こそ塩に関係してはいないものの、現在の南区星崎町《ほしざきちょう》近辺にあった、山

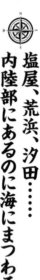

崎・戸部・本地《ほんじ》・牛毛《うしげ》・荒井・南野・笠寺《かさでら》の七つの村は、星崎七ヵ村と呼ばれ、「前浜塩《まえはましお》」の名で知られる塩の名産地として名を馳せていた。

江戸時代の製塩法は、潮の干満差を利用して海水を引き入れる入浜式塩田《いりはましきえんでん》がとられていた。砂を塩田にまいて上から海水をかけ、乾燥させる。すると砂に塩が付着するので、この砂を沼井《ぬまい》（かん水を抽出するための場所）に集める。

さらに海水をかけて砂についた塩分を溶かし出し、沼井から出てきたかん水を煮詰めて結晶化させるという方法で、一六〇八（慶長一三）年頃には、およそ一〇〇ヘクタールもの塩田があったことがわかっている。

こうして作られた「前浜塩」は、馬に乗せられて内陸部へと運ばれた。

各村で作られた塩は村の塩倉に集められたのち、呼続《よびつぎ》町の富部《とべ》神社周辺をスタート地点として、桜《さくら》↓新屋敷《しんやしき》↓中根《なかね》と進み、長野県の塩尻《しおじり》まで運ばれたのである。「塩の道の終わり」だから塩尻とは、なかなか洒落がきいている。

北へと向かうこの街道は、塩を運ぶ馬が行き交うまさに「塩の道」であり、古出来町《こできまち》までの区間は「塩付街道《しおつけかいどう》」と呼ばれていた。

だが、時代が下り江戸時代後期に入ると、安くて真っ白な瀬戸内海産の塩がもてはやされるようになり、供給の中心地は瀬戸内地方へと移っていく。こうしてあたりの塩田は減少し、水田稲作農業にとって代わられると、塩の名産地としての姿は失われていったのである。

　その記憶を伝えるのは地名のみだが、その昔、地域一帯が塩の産地として栄えた歴史を物語っている。

奥三河に「不動滝」という名の滝がやたら多いワケ

　愛知県の東部・新城市《しんしろ》、設楽町《したら》、東栄町《とうえいちょう》、豊根村《とよね》の四市町村にまたがる奥三河《おくみかわ》は、深い渓谷が続き、大自然の造形美が楽しめることから、県内屈指の秘境とされる。

　切り立った崖とそこを流れる清流が多いことから、たくさんの滝があるのが地形の特徴で、その数は大小あわせて一五〇を超えるという。

　あまりに多いためか、たとえば「阿寺《あてら》の七滝《ななたき》」のように落差が大きく、観光客も多い滝には、特徴ある名前がつけられているが、小さい滝や奥まったところにある滝は「〇〇大滝」「〇〇小滝」「〇〇不動滝《ふどうのたき》」と似たような名がつけられたものが多い。

「大滝」は大きい滝、「小滝」は小さい滝だと想像できるが、「不動滝」とはどういうもので、なぜ多いのか。

この「不動滝」を調べてみると、その名がついた滝のうち、約三分の一に共通点が見つかる。高さが二〜一〇メートルほどの地味で小さめの滝であることと、近くに不動尊《ふどうそん》が祀られていることだ。

不動尊とは大日如来《だいにちにょらい》の化身とされる仏教の守護神で、右手に剣、左手に羂索《けんさく》を持ち、怒りの表情を浮かべ、火炎を背負った姿であらわされる。人間の煩悩《ぼんのう》を打ち砕くとされ、山岳仏教の修験道《しゅげんどう》の信仰対象にもなっている。

修験道では、滝に打たれる修行「滝行《たきぎょう》」が奨励された。じつは滝には、滝行に適するものと適さないものがあり、水量が多く、落差の激しい滝は適さないとされる。滝つぼに立とうものなら、激しすぎる水流に足をとられてしまうからだ。また大きな滝の滝つぼには、水流に削られてポットホール（河床などの固い岩に開いた穴のこと）ができるため、滝の下に立つことすら難しい。

奥三河の深い木立のあいだを流れ落ちる高さ二〜一〇メートルの滝は、まさに滝行に適したサイズで、自然崇拝をする修行者の心を強く惹きつけたに違いない。こうした経緯から、「不動滝」の名がついたのではないか、と推測されている。

これらの滝は、修行者だけでなく付近の村の人々の信仰をも集めた。滝の近くに不動尊の旗竿《はたざお》が立てられていたり、小さな鳥居や拝殿が据えられたりしている滝が少なくなく、なかには毎年、例祭《れいさい》が行なわれているところもある。滝への信仰は今も失われることなく、生き続けているのである。

かつてあった「名古屋県」は、どうして一年で消えてしまったのか？

県外の人が愛知県と聞いて、まず想像するのが名古屋だろう。

県名よりも名が知られているせいか、「愛知」と言うより「名古屋」と言ったほうが、ピンと来る人が多いかもしれない。

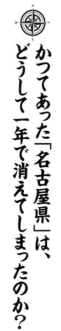

そんな愛知の象徴である名古屋だが、じつはかつて県名にもなっていた。名古屋県が誕生したのは、一八七一（明治四）年七月に実施された廃藩置県《はいはんちけん》のときだ。とはいえ、このときの名古屋県＝現在の愛知県ではない。

廃藩置県はそれまでの「藩」をそのまま「県」に置き換えたものであったため、当時は全国に三つの府と三〇二もの県があるという状態だった。そのため、愛知県エリア内も細分化されていて、尾張に「名古屋県」と「犬山県」の二県が、三河には「重原県」「半原県」「田原県」「岡崎県」「豊橋県」「刈谷《かりや》県」「挙母《ころも》県」など一〇県が存在していたのであ

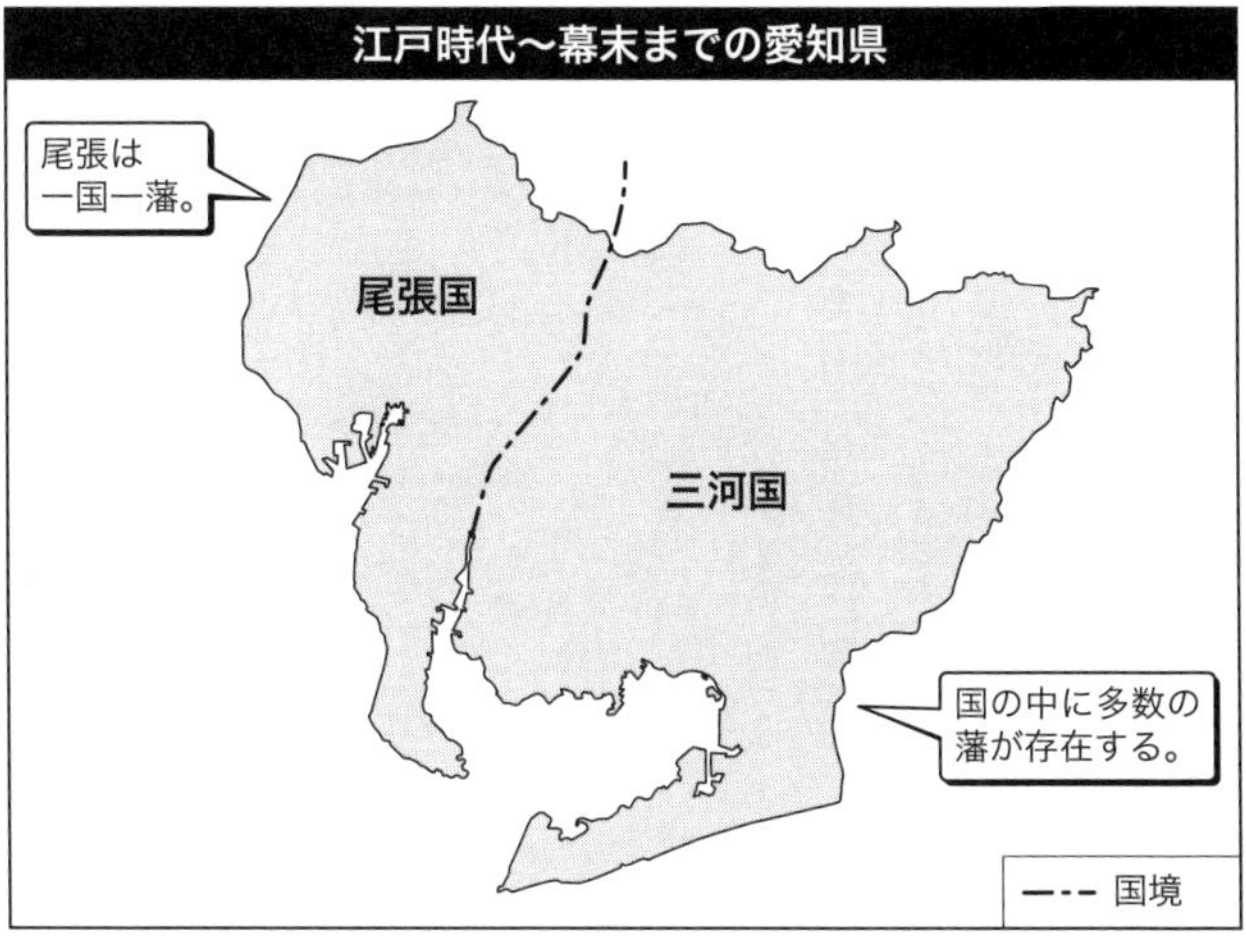

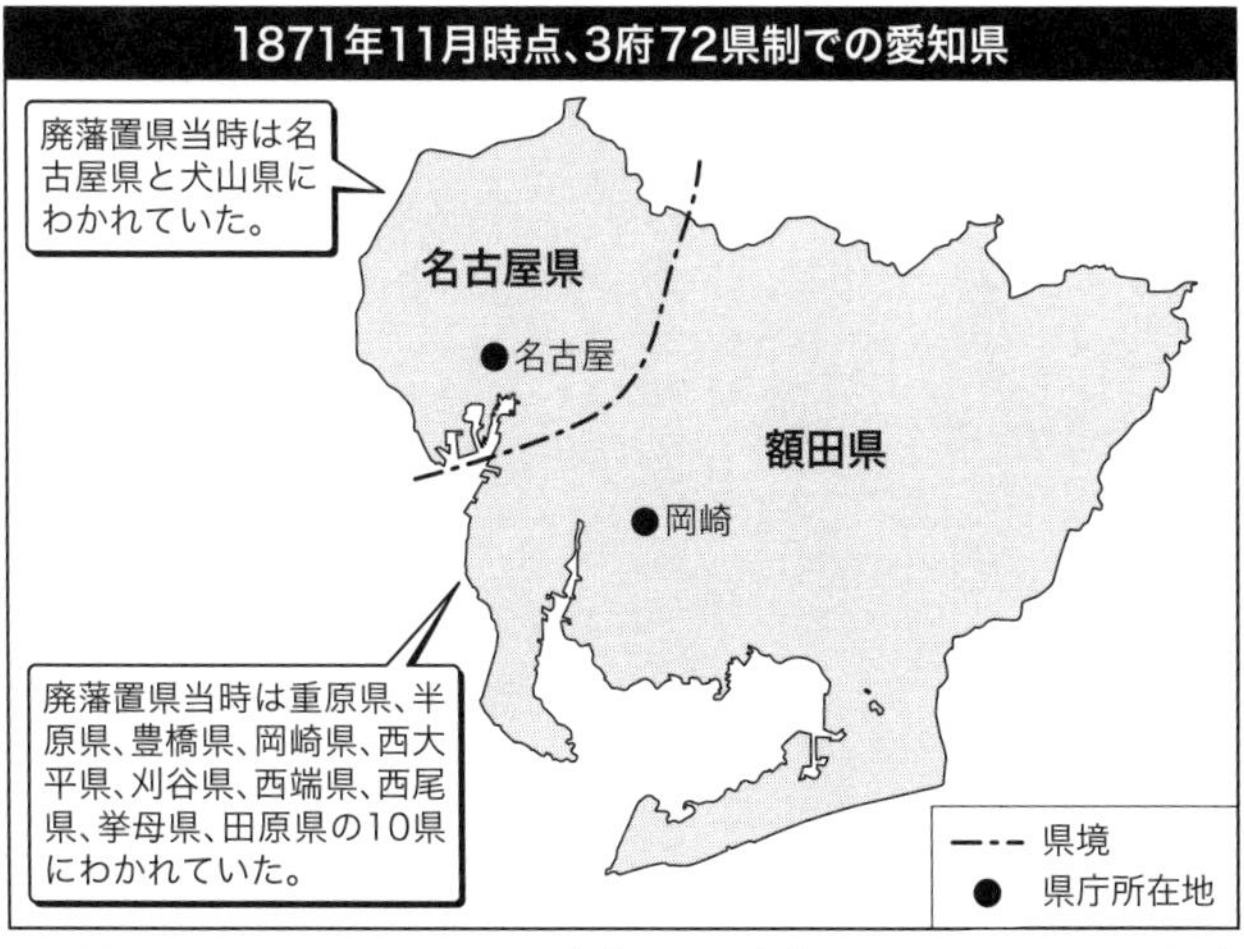

尾張国と三河国は、1871年7月に実施された廃藩置県によって12県に細分化された。名古屋県が誕生したのはこのときである。

る。

同年一一月に県の統廃合が進められると、愛知県エリアは「額田《ぬかた》県」と「名古屋県」の二県になった（五五ページ下図参照）。この「名古屋県」は「犬山県」を統合し、知多郡を除く尾張地域を管轄している。

ところがその翌年の四月には、県庁所在地のある愛知郡の名前をとって改称され、「名古屋県」は消滅。「愛知県」になった。わずか一年足らずで「名古屋県」は消えてしまったのである。

さらに同年の一一月、「額田県」が「愛知県」に統合されたことで、愛知県はほぼ現在の姿となった。このように、明治の初期頃は多くの改革が矢継ぎ早になされ、県の構成も、名前もめまぐるしく変わっていたのである。

それにしても、徳川家康の城下町建設から、尾張の中心として栄えてきた都市「名古屋」の名が消えてしまったのはなぜか。

一説によると、旧薩摩《さつま》藩と旧長州《ちょうしゅう》藩が牛耳《ぎゅうじ》る明治新政府のもとで、尾張藩を想像させる「名古屋」の名を残すのは覚えがよろしくないのではと、尾張側が自粛《じしゅく》したのだという。松山藩が愛媛県になったように、徳川家の身内や譜代《ふだい》大名の藩の多くで、藩名が県名になっていないのは、このためだ。

一方で、明治新政府が「尾張名古屋」をうとんじ、なかば嫌がらせのように県名を変えさせたのではないかという説もある。

戊辰《ぼしん》戦争で新政府軍に徹底抗戦を続けた会津《あいづ》藩と桑名《くわな》藩の藩主は、尾張藩主の実の兄弟であった。

また、尾張藩自体は一応新政府軍についたものの、日和見《ひよりみ》的な態度をとっていたため、明治新政府は、会津・桑名はもちろん、尾張への遺恨《いこん》も激しく、「尾張名古屋」の名を残してなるものかと変更させたというのだ。いずれの説も決定的な証拠はないが、納得させられる話である。

佐屋街道沿いにある「二女子」「四女子」「五女子」の女子シリーズ地名は、七女子まであった！

名古屋市中川《なかがわ》区の、かつての佐屋街道《さやかいどう》沿いには、「二女子町」「四女子町」「五女子町」と変わった地名が点在する。

読み方はそれぞれ、「ににょしちょう」「しにょしちょう」「ごにょしちょう」だ。それぞれの地には、その名がついたバス停留所もあり、町を訪れると、しばしばこの不思議な地名を目にするだろう。

さてこの「〇〇女子」という町名、「女子」とつくのだから、何かしら女性と関わりがありそうだが、果たしてどんな由来を持つのだろうか。

『むかしばなし中川区風土記』（中川区制施行50周年記念事業実行委員会）によると、愛知郡片端《かたは》の里（現在の古渡村《ふるわたりむら》）に、尾張の大地主がいた。その人には七人の美しい娘がいて、年頃になると七ヵ所に嫁がせ、それぞれに土地をわけ与えた。

その際、長女の嫁ぎ先を「一女子村」に改めたのだという。続いて同じように次女から七女に与えた土地を二～七の数字をつけた女子村に改めた。

つまり、区内にはかつて「一女子村」から「七女子村」まで、七つの女子村が存在していたと考えられる。

しかし長い時代の流れの中で、地名も変わっていったようだ。「一女子村」は「古渡村」へと改められ、そのほか、少なくとも江戸時代にはすでに三女子村や六女子村、七女子村の地名もなくなっていたという。

これら失われた地名については、江戸時代の郷土史家が、その跡地とおぼしき場所を推測したという記録がわずかに残るのみで、場所の特定は難しい。

津田正生《つだまさなり》の『尾張国地名考』には、別の地名由来が記されている。

いわく、この地は古くは海潟であり、潮《うしお》新田を区切り、「一つの潮《うしお》、二うしお、三の潮、四のうしお五の潮六のうしお七の潮」と呼ばれ、それらがなまって二女子や五女子などの地名が生まれたのではないかと。しかし、続けて「疑を残して後考の一助と為のみ」とあり、断定を避けている。

そのほかにも、この地名には番号がついていることから、他の例をもとに新田開発との関係を唱える研究者や、「女子」は「好《よし》」であり、「葦《あし》」に通じるとして「葦の原」に番号をつけたのではないかと考える研究者もいる。しかし、いずれも根拠に不足するところがあり、謎のままとされる。

「黒川」は建設技師の名前がそのままつけられている

名古屋城北部には、城を守るように矢田川《やだがわ》と庄内川《しょうないがわ》が流れている。かつてその庄内川の水を城へと流すのに用水が開削され、この水路によって名古屋城下の商業は発展した。これが今に残る「堀川」だ。

庄内川と城を結ぶ用水は、特別に「御用水《ごようすい》」と呼ばれた。明治に入って御用水が役目を終えると、それに平行した水路を作ることになり、新たに「黒川《くろかわ》」が開削された。一八七六（明治九）年のことだ。

黒川樋門。木造の上屋の下には、3連の樋門が見える。そのあいだには2つの石段が築かれている（名古屋市提供）。

さて、この「黒川」という名前、河川名としては珍しいものではなさそうだが、じつはその由来が面白い。黒川の建設に貢献した技師・黒川治愿《くろかわはるよし》の名前からつけられているのである。

黒川治愿は岐阜県の出身。愛知県の土木課に在籍していた彼は、県令《けんれい》（県知事）に堀川の改修を命じられた。

当時の堀川は、水量が極端に減少しており、死にかけた川になっていた。それに対し黒川が計画したのが、単なる改修工事ではなく、木曽川《きそがわ》の水を庄内川に引き入れ、さらに庄内川と堀川を結んで灌漑《かんがい》や水運に利用できる運河を完成させることであった。

計画が実行されると、県は彼の功績を讃えて、川の名前にしたのだ。河川の名に個人名がつけられるのは、全国でも例がない。

また、川だけでなく市営地下鉄名城《めいじょう》線の「黒川駅」や、「黒川本通《ほんどおり》」「黒川交差点」など北区内の地名としても、その名を残している。

名を残すものの一つ、名古屋市北区辻町にある黒川樋門《ひもん》は、庄内川から黒川へ引く水の水量調整のために設けられた三連の樋門だ。名古屋市都市景観重要建築物等に指定される堂々とした造りで、現在見られるのは、明治期に造られた二つの石段と、その上に昭和末期に復元した木造の上屋をのせたもの。樋門の上は橋として人や自転車が通れるようになっている。

高度経済成長期の昭和四〇年代、「黒川」の水質汚染が問題になったが、その後の浄化運動が実を結んで美しい流れを取り戻した。今では樋門と併せ、川沿いの散策路も整備されて市民の憩いの場になっている。

そもそも、なんで「愛知県」という名前なのか？

「愛知県」の名を見て、「知を愛する」という意味がルーツであると考える人は多いようだが、地名の由来をたどると、どうも違うらしい。

現在の「愛知県」は、明治初期に都道府県制がとられると、それまであった「名古屋県」から改称し、「額田県」と合併して誕生した（五四ページ参照）。

平安時代に記された『延喜式《えんぎしき》』によると、尾張には古くから「愛智《あいち》」「知多《ちた》」「春部《かすがべ》」「山田」「丹羽《にわ》」「葉栗《はぐり》」「中島《なかしま》」「海部《あま》」の八つの郡があった。そのうち県庁が置かれていた場所が「愛智郡」だったため、「愛知」という県名にしたといわれている。

「愛智」から「愛知」へと、漢字を変えたわけだが、そもそも「愛智」という字も当て字である。万葉仮名《まんようがな》を思い浮かべてもらえばわかるように、古代の日本では、音をあらわすために漢字を用いていたのである。

「あいち」は当初「あゆち」と呼ばれ、「愛智」のほかに「吾輪市」「年魚市」「年魚海」「年魚道」「鮎市」「阿伊知」などと表記されていた。

では、この「あゆち」はどこからきたのか。これにはさまざまな説がある。

一つに、『日本書紀《にほんしょき》』では現在の熱田神宮《あつたじんぐう》あたりを「吾湯市《あゆち》の村」と記しており、吾湯市の村という限定された地域に使われていた名が、やがてさらに広い範囲をあらわすようになったという。

一方で、「あゆ」とは「湧き出る」の意味の古語で、良質の湧き水が田畑を潤していたことから地名になったのだともいう。

また、表記にある「年魚」とは鮎のことで、昔は川から湧き出すようにいくらでも獲れたことから名がついたのだとも考えられている。

さらに、「あゆ」は「あえ＝ご馳走」をもたらす「東風《こち》」を意味するという説もある。知多半島から名古屋市にかけての海岸沿いは、東風が吹くため「あゆち潟」と呼ばれていたというのがこの根拠だ。

だが、どの説も決め手はなく、「あゆち」の語源は依然としてはっきりしない。

名古屋人の「略称好き」が高じて、実際に地名になってしまったところがある

観光などで名古屋を訪れると、しばしば耳にするのが「メーエキ」「メーダイ」「メーテレ」など、「メー○○」という言葉だ。他県出身者からすると方言の一種かと思うかもしれないが、じつは違う。

「メー」とは「名古屋」の略称で、名古屋の「名」を音読みしたもの。正確に発音すると「メイ」である。

つまり冒頭で紹介した「メーエキ」「メーダイ」「メーテレ」は、それぞれ「名古屋駅」「名古屋大学」「名古屋テレビ」を指す言葉だ。このほかにも「メー○○」のバリエーショ

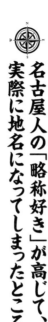

ンは豊富で、名古屋城は「メージョウ」であり、名古屋駅地下街は「メーチカ」。そして名古屋鉄道は「メーテツ」で、名古屋工業大学は「メーコウダイ」となる。

「メーダイ」と聞くと、東京の明治大学の略称ととらえる人が多いかもしれない。しかし、名古屋ではあくまでも「メーダイ＝名古屋大学」であり、明治大学のことは「メイジ」と呼んで区別している。

言葉を単純に略して呼ぶくらい、東京の「二子玉川《ふたこたまがわ》」を「ニコタマ」と呼んだり、「大阪大学」を「ハンダイ」と呼ぶなど、さして珍しくもない話と思われるかもしれない。

しかし、名古屋の何がすごいかといえば、その使い慣れた略称を、実際の地名にまで昇格させてしまうところである。

正式に名称として登録されているのは「名駅」で、現在では名古屋駅周辺一帯の地名となっている。駅に近いので地元の人が「メーエキに行こう」と呼びならわしているうちにそれが定着。一九七七（昭和五二）年、周辺の町名であった上笹島町、泥江《ひじえ》町、西柳町、東柳町などをひとくくりにして、「名駅」という地名に変更したのだという。

「メー〇〇」ではないが、名古屋一の繁華街「サカエ」も略称を地名にしたものだ。もとは栄町《さかえまち》であり、地下鉄開業時は駅名も「栄町駅」だった。

ところが市民が「サカエ」「サカエ」と略して読んでいるうちに、この呼び方のほうが一般的になり、昭和四〇年代に住居表示の「栄町」から「町」がはずれて「栄」へと変わり、それに合わせて地下鉄の駅名も「栄」に変更されたのである。

言葉や地名は時代とともに変わるものとはいえ、略称が地名になってしまうのは珍しいケースだろう。略称がそれほど浸透し、本来の地名を侵食したというべきか。名古屋の略称文化、恐るべしである。

清須？　清洲？　どっちが正しい「キヨス城」？

江戸時代のはじめ、尾張国の中心として栄えたのは、現在の名古屋ではなく、尾張国西《にし》春日井《かすがい》郡の「キヨス」、現在の清須《きよす》市であった。

織田信長《おだのぶなが》が清洲城に入ったのは一五五五（弘治《こうじ》元）年のことで、信長の息子・信雄《のぶかつ》の時代には尾張の政治・文化の中心として城下町がおおいに発展していたという。織田一族のあとには、豊臣秀次《とよとみひでつぐ》、福島正則《ふくしままさのり》、そして徳川家康の息子・松平忠吉《ただよし》が城主となっており、尾張の重要拠点だったことがわかる。

そんな歴史ある地、キヨスには、一つ大きな謎がある。それが地名の表記。現在、お城は「清洲城」と記すのが正式だが、その城がある市名はというと「清須市」であり、漢字が異なる。「キヨス」の表記が混在しているのだ。

じつはキヨスの表記は、清洲と清須が歴史書のなかでも入り混じっている。では、歴史的に古いのはどちらか。

文献をひもとくと、キヨスの地名がはじめて登場するのは一四世紀。伊勢《いせ》神宮の神領を記した『神鳳抄《じんぽうしょう》』のなかに「清須御厨《きよすのみくりや》」という記載が見える。

また一四世紀半ばの「比丘尼宗可寄進状《びくにそうかきしんじょう》」には、「陸町　清須村」という一節があり、「清須」の字が用いられていたことがわかる。

一方、「清洲の東」など「清洲」の文字が見えるのはそれから約一世紀後の一五世紀末のこと。つまり、歴史の古さでいえば、わずかではあるが、清須のほうに分があるといえるかもしれない。

ただし、以降は表記がバラつくようになる。数でいえば、江戸時代前半までは「清須」がおもに使われ、江戸時代半ば以降は「清洲」が多く使われたようだ。

じつは前近代までは、音が同じであれば、人々はあまり字にこだわらなかったといわれる。だからこそ「洲」でも「須」でも問題に感じなかった。しかし明治時代以降、清洲村から「清洲」町が成立すると、行政上の正確な地名表記が求められることになり、「清洲」の字が定着したのである。

新市名として「清須」が復活したのは、二〇〇五（平成一七）年の合併にともなってのことだった。清須市によると、清洲町と西枇杷島《にしびわじま》町、新川《しんかわ》町が合併し、新しい市を誕生させるにあたり、新市名を公募して候補を絞ったという。

その結果、由緒ある「キヨス」の名を使うことに決定した。古い地名を復活させることで新生「キヨス」をアピールしたのである。

だが、「清洲市」としたのでは旧清洲町の名がそのまま市名になったような誤解を与えてしまう。そこで洲から須に一文字変えることで合併するほかの二町にも配慮したのである。

愛知県名古屋市緑区には「ほら貝」という地名がある

名古屋市緑区の住宅地には、「ほら貝」というおよそ地名とは思えない、変わった地域がある。

ほら貝というと、誰もがイメージするのが、戦国時代に合戦の合図として用いられていた大きな笛。愛知県は「桶狭間《おけはざま》の戦い」や「長篠《ながしの》の戦い」、「小牧《こまき》・長久手《ながくて》の戦い」など、戦国時代に大きな戦《いくさ》が行なわれていた有数の合戦地であるため、土地柄、合戦に由来する地名ではないかと想像する人が多いかもしれない。

だが、「ほらがい」は、地形に基づく地名である。「ほら」とは、水が少ない小さな奥まった谷をさしている。そして「かい」は、交差してせばまったところという意味がある。

どちらも「山と山のあいだ」、あるいは「狭いところ」をあらわす言葉であり、当地の地形が奥まった場所にあったことが推察できる。

ほら貝の名がつけられたのは、遅くとも江戸時代より前だと考えられている。江戸時代の文書『朝鮮人来朝之《ちょうせんじんらいちょうの》節《せつ》書付《かきつけ》写』の松山の条に「松山拾四町東西　拾町南北洞貝」とあるほか、『鳴海《なるみ》宿《しゅく》諸事《しょじ》留書帳《とめがきちょう》』の山方《やまかた》御《おん》見取《みとり》の田に「螺貝」の名が見える。その後、字《あざ》名として「螺貝」が定着したと見られる。

ただし、「螺貝」という漢字は当て字にすぎない。

江戸時代より前の時代は地形に合った字が使われており、「ほら」はくぼみなどをあらわす「洞」の字が、「かい」はふところ、すなわち狭いところの意味がある「懐」という字が用いられていたとされる。

それがのちに「螺貝」の字が当てられ、吹き鳴らされた貝の「ほら貝」を想起させることになったというわけだ。

なお、「ほら」という地名に限っていえば、緑区のこの地だけでなく、県内各所に見られる。

たとえば岡崎《おかざき》市や瀬戸市には「ほらまち」がある。こちらは洞の字が使われており、「洞町」と表記されている。戦国期に始まる古い地名で、それが受け継がれて「洞村」になり、昭和のはじめに「洞町」となった。この洞町も字があらわすように、くぼんだ地形に由来して名がついたと考えられている。

南区の地名「星崎」は、隕石が名前の由来だった！

名古屋市南区「星崎《ほしざき》」。この地名の由来はドラマチックで、このあたりに隕石が落ちたことによるという。それも二度も隕石が落ちたと伝わる。

一度目は、七世紀の舒明《じょめい》天皇の時代。星崎町字宮町にある星宮社の星の宮縁起には、「舒明天皇九（六三七）年、大いなる星落ちたり。その地に天津《あまつ》甕星《みかぼし》の神を祀《まつ》る。この宮の草創とする」とある。また、『日本書紀』にも「大いなる星、東より西へ流れ落つ。音あり。雷に似たり」とある。この「大いなる星」こそ隕石だと考えられている。

二度目は、一六三二（寛永《かんえい》九）年とされる。村瀬六兵衛という人が、夜中に塩田で塩焼

『尾張名所図会』より「星降ち石」の図（国立国会図書館蔵）。図中央下部に見える石のようなものが隕石で、それを町人がとり囲むようにしている。その表情から、人々の興奮具合が読みとれるだろう。

きをしていたところ、空が急に暗くなり、稲妻のような光が走った。その直後、轟音がして地震のように大地が揺れ、空から火の玉が落ちてきた。六兵衛は空から落ちてきた石を掘り出して、家に持ち帰ったという。

『尾張名所図会《おわりめいしょずえ》』の付録『小治田之《おわりだの》真清《まし》水《みず》』巻ノ四には、落下した隕石をとり囲む人々の様子が描かれている（上図参照）。

こうした伝説から、星が落ちた崎《みさき》＝星崎の名がついたのである。

二度目の隕石落下から二〇〇年ほどたった頃、六兵衛の子孫は、隕石を落下地点から五〇〇メートルほど離れたところにある喚続《よびつぎ》神社に寄進した。神社はこれを「星石」と呼んで神宝にし、大切に祀ってきた。

記録によると、「星石」は、重さ一・〇四キログラム、高さ八・三センチメートル、幅七・四センチメートル、長さ一三・八センチメートルで、全体的に黒っぽく光沢を帯び、三角形のおむすびのような形だったとされる。隕石は今も喚続神社に祀られているが、門外不出となっており、社の宮司《ぐうじ》でさえ、直接見ることはあまりないのだという。

このように厳重に保護されているのならば、本当に隕石かどうか、わからないのではないかと疑ってしまうかもしれない。

じつは一九七六（昭和五一）年、国立科学博物館に鑑定を依頼し、正真正銘の隕石であると太鼓判を押されている。学術的には「南野隕石」と命名されているほか、落下地点も改めて特定され、現在は石碑も建てられている。

名鉄名古屋本線にある駅名「前後」は、いったい何の前後なのか？

名古屋市に隣接する豊明《とよあけ》市内を走る名鉄名古屋本線には、「前後《ぜんご》」駅という一風変わった駅名がある。同様に、市内には前後町という地名も存在するのだが、いったい何の前で、何の後ろなのだろうか。

この地名のもとになったのは、一八六八（明治元）年に誕生した「前後村」だといわれている。伝承によると、この場所は戦国時代、織田信長が今川義元《いまがわよしもと》を破った「桶狭間の戦い」の現場であり、その戦いで亡くなった兵士たちの首を、首実検のために前後に並べたことから名づけられたという。

その伝承を裏づけるかのように、駅から一〇分ほどの丘の上には、「桶狭間の戦い」で戦死した兵士たちを、地元の曹源寺《そうげんじ》の僧侶が弔《とむら》ったとされる「戦人塚《せんにんづか》」も残されている。

しかし前後＝首実検説は、後世作りあげられた創作話ではないかと指摘する声もあり、根拠は定かではない。

一方で、前後は桶狭間から続く谷間の地名であるとする説もある。もとは狭いところを指す「セコ」であり、それが「ゼコ」↓「ゼンゴ」と転訛《てんか》した可能性が唱えられている。

より有力とされるのは、前後の正しい読みは「ぜんご」ではなく、「ぜんごう」だったとする説である。

一七世紀頃、間米《まごめ》村を本郷（もとの村のこと）とし、五軒家《ごけんや》・八ツ屋《やつや》・三ツ谷《みつや》という枝《えだ》郷《ごう》ができた。このうち五軒家新田村（五軒家）は、間米村の南に位置していたため、「間米村の南にある郷」という意味で「前郷《ぜんごう》」と呼ばれたという。

この論では南が前で後ろが北となるが、何を根拠に定められたのだろう。

「前郷」の謎を解く鍵は、東海道《とうかいどう》にある。東海道といえば、江戸時代の主要幹線道として、文化や経済を伝える大動脈だ。その東海道に、五軒家新田村は面しており、それ以外の村は離れたところにあった。つまり、周囲の村々から見れば、東海道に近いこの村は、自分たちより「前」に位置する。だから「前郷」としたのである。

つまり、前後の駅名・地名には「前と後ろ」という意味はなく、「前の郷」という言葉に由来しているというわけだ。

こうして五軒家新田村は「前郷」と呼ばれるようになり、あるときを境に、「前後」へと転訛。そして明治以降には、「前後」が正式な村名として用いられたのである。

なお、県内には一色町《いっしきちょう》（現在の西尾市）にも前後という地名がある。この地名は戦国期に登場し、江戸時代から明治はじめまでは、前後村という村であったようだ。こちらの地名は文字通り、南と北に新田ができ、新田が前後してできたことに由来するという。

西区と北区の境の地名「ハサバ」はどういう意味なのか？

名古屋市西《にし》区田幡《たばた》町には「西ハサバ」という字《あざ》をもつエリアがある。地域の秩父通《ちちぶどおり》には「西ハサバ」という名の交差点があり、一つ西には「西ハサバ西」という信号交差点もある。カタカナ表記の地名というと、ハイカラなイメージだが、わずか二〇世帯ほどの小さな地域に、どうしてこんな名前がついているのか。

じつはこの字の歴史は古い。『愛知県地名収攬《あいちけんちめいしゅうらん》』には、一八八二（明治一五）年当時の田幡村の地名が記されていて、漢字の地名がズラリと並ぶなかに、カタカナの「ハサバ」と「西ハサバ」があるのだ。

「ハサバ」の由来には、三つの説が考えられている。

一つ目は、刈りとった稲を乾かすために横木などを組み上げたものを「稲架＝ハサ」といい、組んだ場所を「稲架場《はさば》」というため、この地が稲架場だったのではないかという説だ。

二つ目は、「ハタバ」がなまったという説で、昭和のはじめ、あたりには機織《はたおり》工場が多く、近隣から「機場《はたば》」と呼ばれていたことに由来する。交通局がバス停を作るときに機場を「ハサバ」と聞き間違え、「西ハサバ」停留所を作った。やがて繊維業が衰退すると機場も廃業し、地名だけが残ったのだという。

そして三つ目が、川と川のあいだが狭いという意味の「はざま」がなまったという説である。

一つ一つ説を見ていくと、たしかに当地は水田だったが、周辺にも水田が広がっていたため、ここだけが稲架場と呼ばれたというのは疑問が残る。次の機場は、昭和初期に機場があった事実はないため、風聞か俗説の域を出ない。つまり、もっとも有力といえるのが「川のはざま」説である。

現在、この付近に川はないが、江戸時代の地図を見ると、土地が川で細かく区切られていたことがわかる。地元でも、「三郷用水《みさとようすい》などで水路が入り組んでいた」と記憶している人がいて、地形説を支持している。

カタカナになったのは、本来「狭間《はざま》」と表記するところが、なまった「ハサバ」のほうが浸透していたため、漢字表記しづらく、音をそのまま表記したのではないかと考えられている。

ドタバタ劇を演じた「南セントレア市」。その名は今も常滑市に残っている

二〇〇五（平成一七）年、「平成の大合併」を機に、全国で多くの市町村が合併したが、そのなかで、カタカナの珍市名として、すっかり有名になってしまったのが「南セントレア市」である。

「南セントレア市」は、かねてから計画されていた知多《ちた》郡《ぐん》美浜《みはま》町と南《みなみ》知多《ちた》町の合併構想に

おいて、両町の合併協議会が発表した市名だ。

ところが、この市名が発表されると、住民から大ブーイングが発生する。カタカナ名であることへの違和感はもとより、「セントレア」は「中部」の英訳を、本来の「ミッドランド」ではなく「セントラル」とし、「空港」の「エアポート」から「エア」だけをくっつけた造語である。そのうえ「セントレア」は、北隣の常滑《とこなめ》市に開港したばかりの「中部国際空港」の愛称であり、両者に直接関係があるわけでもない。それを新しい市の名前にするというのだから、反発が起きたのも無理はない。

さらに、新市名は一般公募をしていたはずなのに、寄せられた案のなかに「南セントレア市」はなかった。何のために公募制にしたのかわからず、住民無視のやり方として顰《ひん》蹙《しゅく》を買うことになったのである。

全国のマスコミが注目するなかで、合併の賛否を問う住民投票が行なわれたところ、両町とも反対が賛成を大きく上回った。「合併には賛成だったが、『南セントレア』で考えが変わった」と、新市名を反対の理由にあげた町民もいたという。

投票の結果を受けた合併協議会は記者会見を開き、事実上の白紙撤回宣言をする羽目になった。

こうして誕生しそこなった「南セントレア市」だが、じつは地名としての「セントレア」は今も存在している。セントレアが建つまさにその地域につけられていて、常滑市セントレアという地名になっているのだ。

本家セントレアの地名であれば納得ということか、誰からの批判も浴びることなく、今も使われている。

中部なのか？　東海なのか？　中京なのか？　紛らわしい愛知県の地域分類

現在愛知県には、民放テレビ局が五つある。「中部《ちゅうぶ》日本放送《にっぽんほうそう》（ＣＢＣ）」「東海《とうかい》テレビ（ＴＨＫ）」「名古屋テレビ（メ～テレ）」「中京《ちゅうきょう》テレビ（ＣＴＶ）」「テレビ愛知（ＴＶＡ）」と、いずれも地域を連想させる五者五様のネーミングである。

また、テレビ局にかぎらず、愛知県内の企業名を眺めていると「中日○○」「○○東海」など、地域名を冠した会社が多いことに気づく。

ここで一つ疑問なのが、「中部」「東海」「中京」という表記である。たしかに愛知県は中部地方と呼ばれ、東海地方にも属し、中京工業地帯というエリアに該当するが、それぞれの意味や、使いわけがわからない人も多いはずだ。

「中部」は、行政上の「中部日本」を示す表記で、愛知・三重・岐阜・富山・石川・福井・長野・静岡の八県の総称である。「中部日本」を略し、「中日」とも表現される。「東海」はメディアでは愛知・岐阜・三重の三県の総称とするが、一般的には静岡を加えた四県を指す。「東海道」を由来とするが、昔の東海道は、広い範囲にまたがっていた。じつは律令《りつりょう》時代にはその下地ができており、現在の三重県から茨城県までを結んでいたという。それが江戸時代に江戸〜大坂を結ぶ道となり、さらに昭和に東海道新幹線が開業すると、「東海道エリア」は狭まっていく。

やがて愛知・岐阜・三重の三県あたりを示すようになったが、厳密にはどこからどこまでなのか、ルールが曖昧なのが現状だ。

「中京」という言葉は、このなかで一番歴史が浅い。大正時代、名古屋市南部の埋め立て地に重工業の工場が誘致され、「中京工業地帯」と名づけられた。これが「中京」という言葉のはじまりで、「中京」とは、東京と大阪・京都の東西の「京」の真ん中という意味から考え出された。関東の京浜《けいひん》工業地帯と関西の阪神《はんしん》工業地帯と肩を並べる大工業地帯にしようという意気込みが、この名にあらわれている。

では、この地域分類を、当の県民はどう使いわけているかだが、特別に意識はしていないようで、そのときの雰囲気で使っているらしい。

「豊川」「豊橋」「豊明」……「豊」がつく地名が多いのは、トヨタと関係がある？

愛知県の地図を広げてみると、トヨタ自動車で知られる豊田市をはじめ、豊川《とよかわ》市、豊橋《とよはし》市、豊明《とよあけ》市など、どうも「豊」がつく市名の多いことに気づく。もともとは挙母《ころも》市という市名だった豊田市が、トヨタにちなんで市名を変えたことを考えると、ほかの「豊」のつく市もトヨタに関連があるのではないかと思ってしまう。だが、実態は異なる。それぞれの地名の由来を見ていこう。

豊川市の「豊川」は、県内の「豊」がつく自治体のなかでもっとも歴史がある地名だ。出土した八世紀の木簡《もっかん》から、律令制の時代には、周辺がすでに宝飯《ほい》郡豊川郷と呼ばれていたことがわかっている。一説には「豊」は「秀《ほ》＝本宮山《ほんぐうさん》」をさし、昔のこのあたりはホの評《こおり》と呼ばれていた。そこを流れる川が「ホの川」と呼ばれ、豊川になったのではないかといわれている。街の中心は豊川稲荷で、その門前町として発展し、鎌倉街道の宿場《しゅくば》としても繁栄した。

豊橋市は河川の豊川の河口に位置する市だ。鎌倉時代初期、豊川に新しい橋が架けられて「今橋《いまはし》」と称されたが、それから三〇〇年ほどたったとき、「いまはし」が「忌まわしい」に通じるとされ、改称することになった。そこで縁起のよい「吉」の字を使って「吉田」としたが、明治維新で政府から伊予《いよ》の吉田とまぎらわしいからと改称を迫られ、「豊川に架かる橋」で「豊橋」になったという歴史がある。

豊明市は、明治時代に市町村制が公布された際、決められた村名をそのまま市の名前にしたものである。「豊」の字は、現在の前後駅東で酒造業を営んでいた伊藤家の屋号「豊倉屋」から、「明」は元号の「明治」を由来とする。

『豊明町誌』によると、このとき、宮中の年中行事である豊明節会《とよのあかりのせちえ》が間近であり、また『延喜式《えんぎしき》』民部省上の条に記される「郡里等の名は並びに二字を用いて、必ず嘉名《かめい》を取れ」という原則にも沿うとして「豊明」に決めたという。

「豊川」「豊橋」「豊明」、いずれの市も、命名の由来はトヨタとは関係がない。

江戸時代、庶民の道として愛された「中馬道」とはどこをさしている？

江戸時代、徳川家康は幹線道路の整備を急ぎ、五街道《ごかいどう》とそれに準ずる道を作らせた。しかしこれらはおもに武士たちのための道であり、庶民の多くは脇道を利用していたのである。

尾張から三河、そして伊那谷《いなだに》を通り信州《しんしゅう》に至る伊那街道は、そうした脇道の一つだ。街道の原型は、縄文時代にはあったとされ、戦国時代には武田信玄《たけだしんげん》も軍勢を率いて伊那街道を行き来したという。

伊那街道が発達したのは、江戸時代。中山道《なかせんどう》が整備され、大名の参勤交代《さんきんこうたい》に使われると、庶民への規制が厳しくなり、武士の荷物が優先されるなど、人々が窮屈な思いをするようになった。しかも中山道は、荷物を宿場ごとに積み替えねばならず、運賃や問屋場《といやば》への手数料が余計にかかったのだ。

それに対し脇道である伊那街道は、規制がほとんどかからず、積み替えも必要ない。旅人や物資運搬の農民などがのんびりと行き来できる雰囲気もあり、庶民はもっぱらこの道を通って物資を運んだのである。

伊那街道は、三つの街道の総称で、それぞれ次のようなルートとされる。

・名古屋市から豊田市足助町《あすけちょう》、長野県根羽村《ねばむら》を通って伊那へと入るルート。明治時代以降、「飯田街道」の名で知られる。

・豊橋市から新城→設楽→津具《つぐ》を通り、根羽村から伊那へと入るルート。

・岡崎市から足助町へと至る「七里街道」を通り、足助町追分から飯田街道に合流するルート。

これらの街道は、いずれも尾張と三河の海・平野の産物と、信州の山の産物を交易するための重要な道で、農閑期には農民たちが荷を馬の背にのせて往来し、取引をしたのである。

このように農民が馬を使って物資を輸送することを中馬《ちゅうま》（はじめは「手馬」といい、のちに「中馬」に統一）といった。そのため、伊那街道はいつの頃からか「中馬道」の名で呼ばれ、街道沿いはおおいに発達したのである。

東海市にある「ヤカン池」は、ヤカンに似ているのが名の由来？

東海市の地図を見ていると、不思議な名称の池があることに気づく。その名もズバリ、「ヤカン」池。池がある場所は名古屋鉄道「聚楽園駅《しゅうらくえん》」を降りて五分ほど歩いた先に位置する「しあわせ村」である。

しあわせ村は、一九九七（平成九）年に市民の健康と福祉活動のための拠点として作られた施設で、町のシンボルである高さ一八・七九メートルもの聚楽園大仏が鎮座することでも知られる。

さて「ヤカン池」の由来だが、たいていの人は「ヤカンの形に似ているからでは」と推察するだろう。しかし、縦約四〇〇メートル、横約一〇〇メートルと東西に細長く、上から俯瞰したところでヤカンとは似ても似つかない。

いったい、どんな由来があるのか。

『東海市史』によると、この池は灌漑用池であり、この地を開発した人物の屋号から命名されたようだ。

さかのぼること一七四一（寛保《かんぽう》元）年。名古屋の浅井七左衛門と大高村（現・名古屋市緑区）の山口弥七郎という人物が、この土地を干拓して新田を作った。このとき新田を、両者の頭文字をとって「浅山新田」と名づけ、新田用に作られたため池を、浅井の屋号である「ヤカン屋」から名をとって「ヤカン池」としたのだという。

では、「ヤカン屋」の「ヤカン」とは何か、ここに一つの仮説がある。

江戸時代、尾張徳川家の藩医は「浅井家」といった。この浅井家は、六代藩主徳川継友《つぐとも》に仕えた浅井東軒《とうけん》にはじまる医者の家系である。そして昔の医者たちが薬を煎じるのに用いたのが「薬罐」という道具である。つまり、「ヤカン屋」とは「薬罐屋」であり、医者をさしているのだと考えられるのだ。

しかし、尾張藩医である浅井家の直系図には、七左衛門の名はない。傍系にあたるのか、それともまったく関係のない人物なのか、謎は深まるばかりである。

第二章

古今にまたがる道路と鉄道の不思議

名古屋の地下街は、やむにやまれぬ交通事情から作られた!?

名古屋《なごや》市の地下街は、その入り組んだ複雑な形と圧倒的な広さで知られる。延《の》べ床面積は約一七万平方メートル。ナゴヤドームが三つと半分が入るほどのサイズで、広さとしては東京、大阪につぐ第三位であるが、名古屋の地下街はほかの地域の地下街と違って分断されることなくつながっているのが特徴である。

ここまで巨大な地下街が発達したのには、理由がある。名古屋の地下街の歴史は昭和三〇年代にはじまる。その後、昭和四〇年代、五〇年代と三期にわたって拡張していくのだが、じつはもともと、こうした立派な地下街を作ろうと思っていたわけではない。

当時の名古屋駅前は、大変混み合っており、その混雑ぶりたるや、たびたび歩行者が車道に押し出されて車にひかれるという事故が起こるほど。そこで「車は地上を走り、人は地下を歩けばよいのでは」というアイディアが生まれ、地下道を作ることになった。

だが、地下道建設にはお金がかかる。どうにか費用をひねり出す方法はないかと再度考えた結果、地下道の両側に店舗を設けることにした。

こうした経緯から、一九五七（昭和三二）年、名古屋駅前に六一の店舗が入る名古屋地下街（現在のサンロード）が完成したのである。

これでひとまず交通事情は改善された。しかし、昭和四〇年代になると、少し事情が変わってくる。戦後の名古屋は、自動車王国の黎明期《れいめいき》を迎え、鉄道よりも車両道路整備を優先させていた。人々の生活の足は必然的に自動車になるが、都心部には圧倒的に駐車場が足りなかった。

ここで再び注目されたのが地下で、地下に大きな駐車場を作り、それに合わせてユニモールや新幹線地下街エスカなどの地下街を建設した。その後、名古屋では、地下駐車場に車をとめて地下街で買い物をしたり、地下街を歩いてデパートへ向かい、買い物をしたりするのが一般的なスタイルになったのである。

昭和五〇年代には、国から地下街の抑制方針が打ち出されたが、その前に開業が決定していたテルミナ（現ゲートウォーク）やセントラルパークなどが作られ、現在の巨大な地下街が完成した。

夏は蒸し暑く、冬はからっ風が吹く名古屋において、地下街は冷暖房が完備され、車に邪魔されることもなく買い物を楽しめる場所。過ごしやすい地下街は、地元の人々にとって欠かせない存在なのだ。

名物、幅一〇〇メートルの道路は、車社会の到来を見越した産物だった

名古屋のシンボルといえば名古屋城だが、もう一つ地元でおなじみの名物がある。愛知一の繁華街ともいわれる栄《さかえ》を南北に走る「久屋大通《ひさやおおどおり》」と東西に走る「若宮大通《わかみやおおどおり》」だ。

他県民からすると、「道路が名物？」と首をかしげてしまうだろうが、この二本の大通りはそこらの「大通り」とはわけが違う。なんと幅が一〇〇メートルもあるのだ。

ただし、幅一〇〇メートルの道路といっても、だだっ広いアスファルトの道が展開されているわけではない。

「久屋大通」の場合、その中央部に幅七〇メートルの公園や緑地帯が作られている。道路はというと公園の両サイドに三～四車線が走っている状態。そのため、一見すると一つの道路とは思えない。だが、名古屋市によると、この公園や緑地帯もまた道路の一部であり、「すごく広い中央分離帯」と位置づけられているという。

一方の「若宮大通」は、片側四車線のあいだに、幅二〇メートルもある高速道路が入り込む複雑な構造となっている。

なぜ、このような巨大な道路が誕生したのか。

じつはこの二本の大通りは、太平洋戦争後の復興のために作られたものである。アメリカからの執拗な空襲を受けた名古屋の町は、戦後焦土《しょうど》と化していた。

市は早々に町の再建プロジェクトを始動させると、碁盤割《ごばんわ》りの道路を拡張し、都市の防災対策に活用しようという計画が練られた。

空襲により、市域の四分の一が焼失したことを教訓に、一〇〇メートルの道路を二本組み合わせて町を三つのブロックにわけ、火災時の延焼を防ごうと考えたのだ。さらに、広い中央分離帯は、緊急時の避難場所としても有効であるとして、一〇〇メートルの道路建設の方針が立てられた。

さらにこの道路建設は、車社会の到来を予測した計画でもあった。当時の名古屋市長をはじめ、関係者が「近い将来、日本は車社会となる」と確信し、広い道路は有用だと主張した。しかし、戦後を必死に生きようとする当時の人々は、その必要性が理解できず、「飛行場でも作るのか」と彼らを揶揄《やゆ》したという。

反対意見にさらされながらも計画は進められ、道路は完成。そして先見の明ともいうべきか予測通り車社会は到来し、一〇〇メートル道路は日本最大のモータリゼーション都市の礎《いしずえ》として結実したのである。

名古屋市内の道路ではバス専用レーンがど真ん中にある！

日本では、電車が通らない地域の市民の足として、バス網が張りめぐらされている。そのなかで名古屋市全域と隣接する清須《きよす》市、長久手《ながくて》市などの一部地域を営業エリアとする名古屋市交通局は、全国でも有数の規模を持つ。

そんなバスが盛んな地域だけあってか、市内のバスはユニークなものが多い。とくに特徴的なのが、専用レーンを持つ基幹《きかん》バスである。

路線の停留所ごとに停止するバスは、道路渋滞のもとになりやすい。そのため、優先レーンを設ける都市は少なくないが、専用レーンが導入されている都市は、名古屋だけだ。しかも専用レーンは道路の真ん中に設置されているというのだから驚く。

この専用レーンは、基幹二号系統のみで利用される。基幹一号系統は、名古屋高速道路の橋脚が道路中央部にあるため、専用ルートが確保できなかったからだ。

レーンが中央にあるため、バスの停留所もまた、道路の真ん中に島状に作られている。屋根つきの待合所（シェルター）や案内表示板、歩行者用の灯器《とうき》などが設置されており、

片側４車線にもなる広い道路の中央部に、オレンジに色わけされた専用レーンが作られている。写真中央付近に見える屋根つきの小さな建物は、停留所だ。

さながら路面電車の停留所のようだ。

それにしてもなぜ、一般的なバスレーンのように左車線・左停留所ではなく、道路の真ん中にレーンや停留所を設けたのだろうか。じつはその背景には、自動車王国ならではの苦労があった。

名古屋市では、道路の整備が充実していたため、早くから車社会となっていた。その分、渋滞が頻発したため、昭和五〇年代、名古屋市総合交通計画研究会は、自動車の抑制を図りつつ、地下鉄に準じる高水準のサービス向上を目指し、都市バスの輸送力を高める計画に着手した。

その際、渋滞に巻き込まれやすいバスの定時運行を確保するために構想されたのが、中央を走るバスレーンである。

バスレーンを左車線に設定したとしても、バスが駐停車するたびにレーンをふさいでしまい、スムーズな走行につながらないと考えたうえでの発想である。

道路の中央をバス専用のレーンに位置づけ、専用信号をつけて交差点での停止をなくすこと、さらに、停留所の間隔を地下鉄並みの八〇〇～一〇〇〇メートル程度とするなど、その利便性を高めるために綿密な計画が練られたという。

そして一九八五（昭和六〇）年、新出来町線の栄～引山《ひきやま》間の一〇・二一キロメートルで、全国初となる中央のバス専用レーンが誕生したのである。

バス専用レーンは朝夕のラッシュ時に適用され、それ以外の運行時間は優先レーンとなる。なお、レーンはオレンジ色でカラー塗装され、ドライバーが一目でわかるような工夫がされている。ただし、慣れないドライバーにとってはいまひとつ理解しにくく、特に右折する際には注意が必要だ。

さて、このバスレーンを設置したことで、渋滞問題は解消されたのか。ラッシュ時には二～三分間隔の高密度な運行を実現させ、ほぼ定刻通りに発着できるようになったなど、おおむねその成果はあらわれているといえる。

一方で、停留所を使用する乗客のなかには、交差点を横断しなくてはならないという不便さを指摘する声もあるようだ。

船酔いでダウンする人が続出！かつて東海道にあった海の道

江戸っ子の弥次《やじ》さんと喜多《きた》さんの珍道中を描いた十返舎一九《じっぺんしゃいっく》の『東海道中膝栗毛《とうかいどうちゅうひざくりげ》』でおなじみの東海道は、一六〇一（慶長《けいちょう》六）年に江戸と京都（大坂という説もある）を結ぶ幹線道路として制定された。

今でいうところの国道の一つで、その道中には五三の宿場《しゅくば》が設けられ、それらは江戸幕府の管理下に置かれていた。

一般に道といえば陸路というイメージがあるが、東海道は、四一番目の宿場の宮宿（熱田宿）から次の宿場町の桑名《くわな》宿までが「七里《しちり》の渡《わた》し」という海上路になっていた。なぜわざわざ海の上を幹線道路に設定したのだろうか。

じつはもともと、関東から京都へ向かう道は、関ヶ原《せきがはら》（現在の岐阜県）を経由していた。だが、東海道の制定時に突如、桑名経由に変更されたのである。

桑名へ向かうには、川幅の広い木曽川《きそがわ》、長良《ながら》川、揖斐《いび》川と三つの大河を越えなければならず、その道は困難を極めた。結果、代替案として航路が認められ、「七里の渡し」が誕生したのである。

だが、この海上路がまたやっかいだった。渡しは海岸沿いを通る内廻り《うちまわ》（七里）と沖合いを通る外廻り《そとまわ》（九里）があり、所要時間はそれぞれ約三～四時間の長丁場。旅人たちは船酔いしたり、トイレの問題に苦しむことになったのである。そのうえ、天候次第で船が出ないこともしばしばで、海上路を嫌う人は多かったようだ。

三代将軍・徳川家光《いえみつ》もその一人で、上洛《じょうらく》の際にこの航路を使い、船酔いに苦しめられたという。そのため帰路はわざわざ別のルートをとったところ、その道は一六六六（寛文《かんぶん》六）年に正式な脇街道として認められた（佐屋街道《さやかいどう》）。

もっとも、この道も佐屋川を三里ほど船で南下して桑名へ渡らなければならず、船旅は避けられなかったようだ。それでも長い船旅を嫌う旅人にとっては利用しやすいルートだった。

現在、「七里の渡し」の海上路は、大半が埋め立てられ、かつての痕跡はほとんど残っていない。唯一、七里の渡しの船着場があった場所が、「宮《みや》の渡し公園」として市民の憩いの場となっている。

※尾張と三河を走る東海道

当初、宮と桑名を結ぶ道は、「七里の渡し」が幹線道路として定められていた。しかし旅人にとって不便極まりなかったため、「佐屋街道」が整備された。

バスなの？ 電車なの？ 線路を走る不思議なバスの謎

一般道を走る路線バスに乗っていたはずが、気づくと高架のレール上を走っていた……。こんな不思議な体験ができるのが、名古屋市守山《もりやま》区を走る日本初のガイドウェイバス「ゆとりーとライン」である。ガイドウェイとは、以下に説明するように、鉄道とバスの二つを組み合わせた新しい交通システムだ。

「ゆとりーとライン」は、二〇〇一（平成一三）年、大曽根《おおぞね》～小幡緑地《おばたりょくち》間の約六・五キロメートルを結ぶ志段味《しだみ》線に導入される形で開業した。このバスの特徴は、郊外ではごく普通のバスとして運行し、市の中心部に入ると、道路の中央分離帯上に設けられた専用のガイドレールに沿って走る。

車体の見た目はごくふつうのバスであるが、一般道とレールの切り替え地点に着くと、タイヤの横から小さな案内輪が出現（左ページ下写真参照）。それがガイドレールの内側にはまり、車体を正確に導く仕組みだ。

レール上では、運転士のハンドル操作は必要なく、基本的にブレーキとアクセルのみを

ガイドウェイバスの路線図

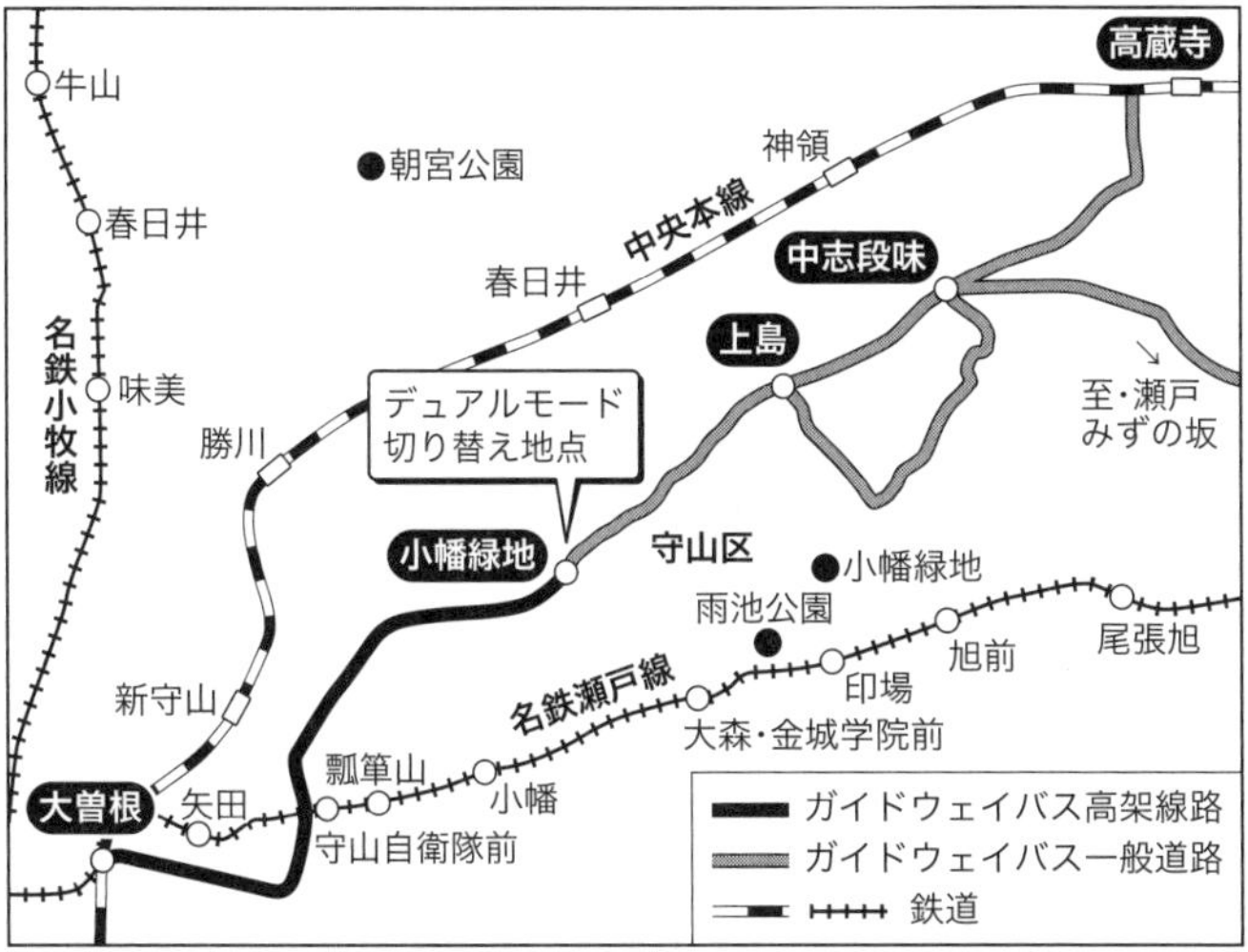

小幡緑地にある切り替え地点には踏切のようなものが作られており、一般車両が進入できない仕組みになっている。

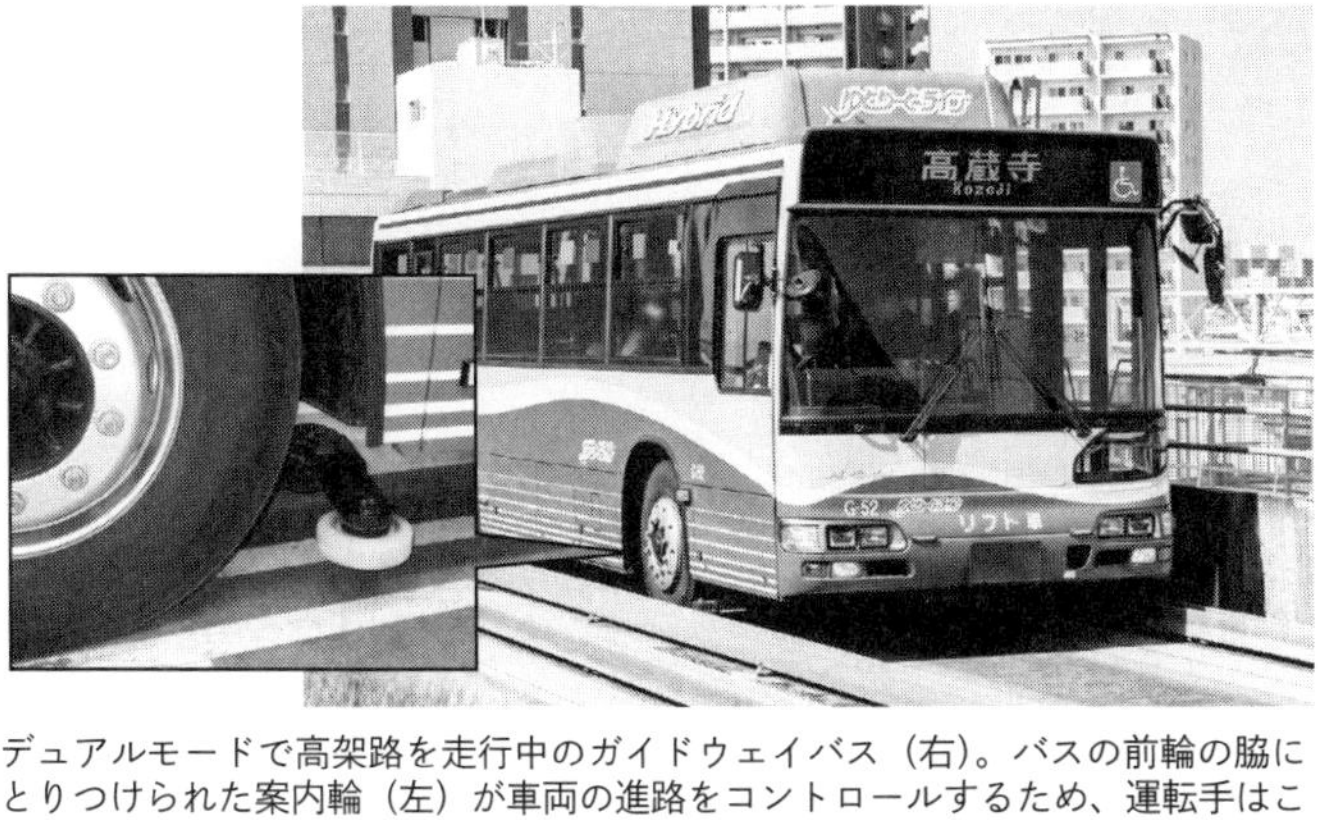

デュアルモードで高架路を走行中のガイドウェイバス（右）。バスの前輪の脇にとりつけられた案内輪（左）が車両の進路をコントロールするため、運転手はこの区間ハンドル操作はせず、アクセルとブレーキ操作のみを行なう。

用いる。

道路の混雑が著しい中心部からは高架のガイドレールを走るので、ラッシュ時でも渋滞に巻き込まれることなく、電車のようにダイヤどおりの高速運転を可能にしている。つまり、バスと電車の両方の長所を活かしたのが、ガイドウェイバスなのである。

「ゆとりーとライン」が走る志段味地区では、宅地開発が進み、市の中心部へ出る人による渋滞が激しかった。その解消に乗り出すも、鉄道を敷設するには莫大な費用がかかり、バスの増発で輸送力を補おうとすれば、渋滞の解消にはならない。そこで、ガイドウェイバスの実用化がなされたのだ。

ガイドウェイバスは、すでに敷設されている地域で、将来交通渋滞が増したとしても、状況に応じてレールを延ばしていけるし、地形の制約があって鉄道の敷設が困難な地域にとっても、もう一つの選択肢になる。新しい都市交通のあり方を実現している夢のような乗り物なのである。

さて最後に、このガイドウェイバスが電車なのかバスなのかという疑問だが、分類上はバスである。しかし、高架を走らせるデュアルモードでは、鉄道の運転士の資格が必要なのだそうで、線引きは一概には難しい。

名古屋地下鉄では「内回り・外回り」を「右回り・左回り」と呼ぶ

名古屋市営地下鉄・名城《めいじょう》線は、ナゴヤドーム、名古屋大学、名古屋城などの市中心部を、グルリと円を描くように走る、日本で唯一の地下鉄の環状線だ。

「唯一の」とただし書きしたのには理由がある。

一見、東京都内を走る都営地下鉄・大江戸《おおえど》線も環状線のように見えるが、厳密には「の」の字を描く経路であり、地下鉄の完全な環状線といえば、この名城線が日本全国で唯一である。

じつは名城線は、当初から環状線として計画されていた路線ではない。もともとは大曽根～金山《かなやま》を通り、名古屋港を結ぶ二号線と、大曽根から反対回りになる大曽根～八事《やごと》～金山間の四号線という二つの路線が計画されていたのである。

しかし、二〇〇四（平成一六）年に全線が開通すると、二号線と四号線が金山で接続することになり、結果的には環状となったのである。

そこで二号線と四号線の路線のうち、環状部を名城線、金山～名古屋港間を名港線と呼びわけるようになった。

こうして日本初の地下鉄環状線が完成したのだが、地下鉄であるがゆえに、名城線は地上を走る東京のＪＲ山手線や大阪の大阪環状線とは、一部違いが見られる。

ＪＲ山手線も大阪環状線も、進行方向を「内回り」「外回り」と表現するのに対し、名古屋の場合は「右回り」「左回り」という言葉が使われているのだ。

その理由を名古屋市交通局は、次のように説明する。

地上であれば、走行中にスカイツリーや大阪城といったランドマークが目に入り、車窓から内側と外側のどちらに乗車しているかが判断できる。ところが、地下ではどこを見ても同じような壁が続くだけなので、ランドマークを頼りに、内か外かを確認することができない。

また、「右回り」と「左回り」という表現は、市バスの環状運転ですでにとり入れられていたため、市民にとってなじみもある。そのほかにも、電車が左側通行か右側通行かによって「内回り」と「外回り」の意味合いが変わってしまうため、利用者に誤解を与えかねない。

こうした考えから、路線図を見たときに一目でわかるように、「右回り（時計回り）」、「左回り（反時計回り）」という呼び方にしたというわけだ。

さらに東京や大阪の人にとっては驚くかもしれないが、世界的に見れば、「右回り」「左回り」という呼び方のほうが標準である。

そう考えると、名古屋の地下鉄は日本の他都市に先駆けて、国際化しているといえなくもない。

ここで環状線の呼び方について、変わった例をもう一つ。

愛媛県伊予《いよ》鉄道の市内電車環状線では、時計回りを「一番」、反時計回りを「二番」と呼び、別の運行系統であるかのように使いわけている。

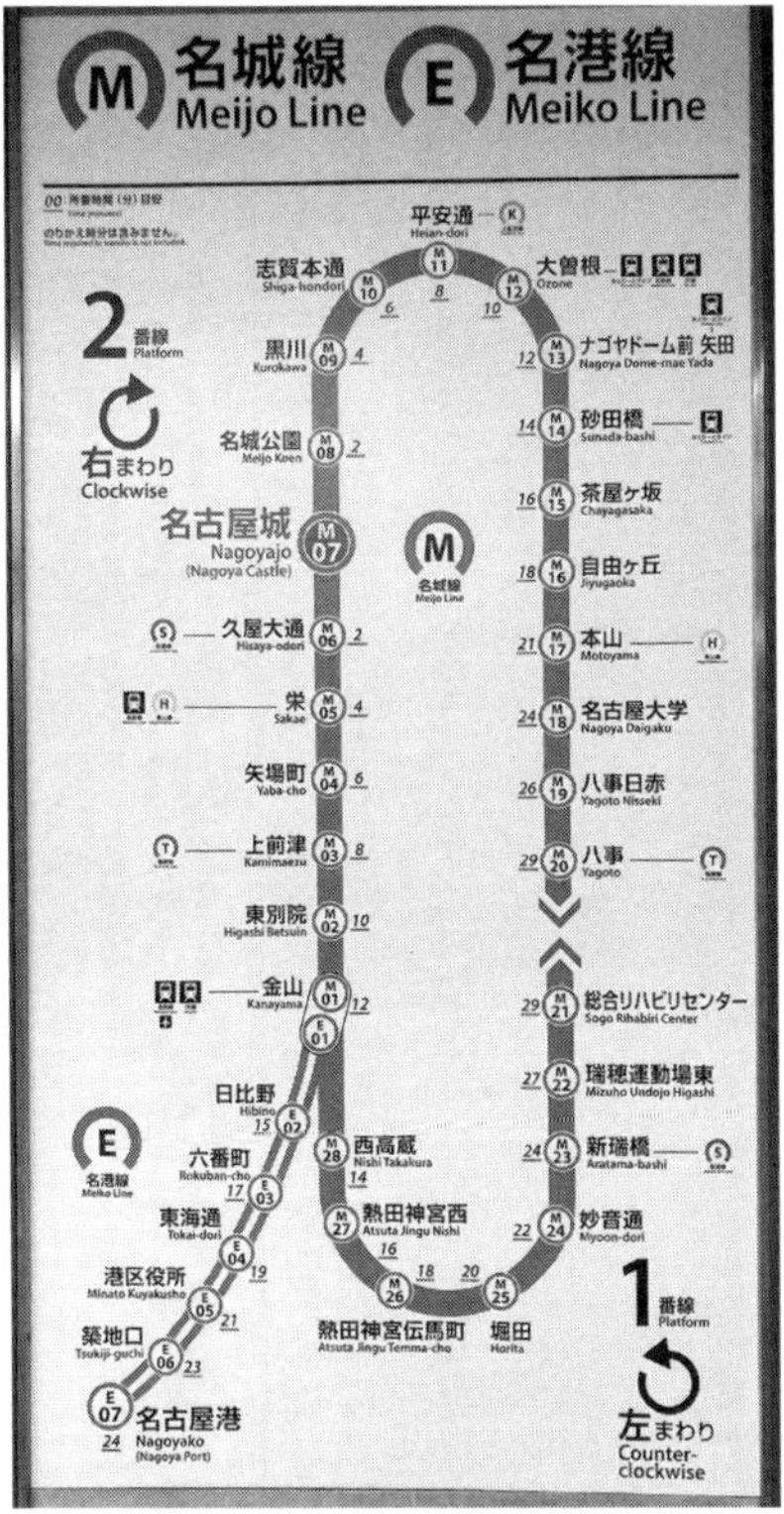

地下鉄名城線「名古屋城」駅の路線図。「右回り(Clockwise)」「左回り(Counter clockwise)」と表示され、直感的にわかりやすい。

名古屋の市営地下鉄に五・七・八号線がないのはナゼ？

市営地下鉄は、現在、名古屋市の公共交通の要《かなめ》として活躍している。

その規模は東京、大阪に次ぐ九三・三キロメートルの営業距離を誇り、一日平均で地球およそ四周半分にあたる一八万九〇〇〇キロメートルを運行する。利用者数は、名古屋市の人口の約半分の一一八万七〇〇〇にのぼる。

網目のように張りめぐらされた営業路線は現在、「一号線－東山線」「二号線－名城線／名港線」「三号線－鶴舞線」「四号線－名城線」「六号線－桜通線」、そして「上飯田《かみいいだ》線」の六路線からなる。四号線の次が六号線と、なぜか「五号線」が存在しない。どうして路線に欠番があるのか。これは、戦前から戦後にかけて行なわれた地下鉄計画が関係する。

名古屋市の第一次地下鉄計画が発表されたのは一九三六（昭和一一）年だ。

当時名古屋市は人口一〇〇万人を超え、市電は大変な混雑をきたしていた。そこで市は、市電と市バスによる路線統制をはかり、地下鉄の建設を計画したのだが、この計画は実現しなかった。

一九四〇（昭和一五）年に第二次地下鉄計画が発表されるも、太平洋戦争にともなう資材・資金不足からこれも中止されている。結局、地下鉄は一九四七（昭和二二）年に発表された地下鉄計画をもとに、一九五七（昭和三二）年一一月一五日に「名古屋〜栄町《さかえまち》」間で開業された。

現在の路線網の基盤となる路線計画は、一九七二（昭和四七）年に発表された都市交通審議会答申第一四号「名古屋圏における旅客輸送力の整備増強に関する基本的計画について」に見られる。答申によると、新たに計画されたのは、八路線一三九キロメートルの路線網で、一号線から八号線までが計画されていたことになる。

ところが一九九二（平成四）年に出された次の運輸政策審議会答申では、なぜか五号線と七号線、八号線が消え、代わりに市営交通金山線（戸田〜金山〜丸田町〜黒川……楠町）と上飯田線（上飯田〜平安通〜新栄町〜丸田町）が計画されている。じつは前回の答申後、周辺環境や需要を検討した結果、五号線と八号線の路線の見直しをするという措置がとられたのだ。

しかし、すでに前回の答申に従って路線計画が進んでいたため、国土交通省における名称である「〇号線」の呼称だけは変更しなかった。したがって五号線と七号線、八号線が欠番ということになってしまったのである。

ただ、二〇二二（令和四）年になって、現・名古屋市の河村たかし市長がこのうち八号線計画の構想にも入っていた「柳橋駅（仮称）」の開業に意欲を示している。地下鉄東山線（一号線）の名古屋駅から隣の伏見駅までの間隔は約一・四七キロメートルあり、名古屋の地下鉄路線の中では最も長い。この間に駅のホームを設置できる空間が準備されており、それが「柳橋駅（仮称）」だ。幻となった八号線と他線との乗換駅になる構想があった鶴舞線（三号線）の大須観音駅、浅間町駅、桜通線（六号線）の国際センター駅、高岳駅にも、乗換駅としての機能が可能になるための準備工事が施されているのだが、八号線計画が消えた今、すでにこの四駅に準備された空間は、日の目を見ることはないだろう。それなのに何故、「柳橋駅（仮称）」の開業に光が当たり始めたのか。

理由は、リニア中央新幹線の開業に向けた名古屋駅周辺の大規模な再開発にある。その街づくりの一環として、新駅設置も再検討されているのだ。二〇二一年の市長選の際に「柳橋駅（仮称）」の設置を公約に掲げた河村市長は、名古屋市議会で「何が何でも進めていく」と発言し、二〇二四年度をめどに方向性を決める方針だと言うが、果たして幻の新駅「柳橋駅（仮称）」は誕生するのだろうか。

※名古屋市の地下鉄計画と、幻の5号線8号線

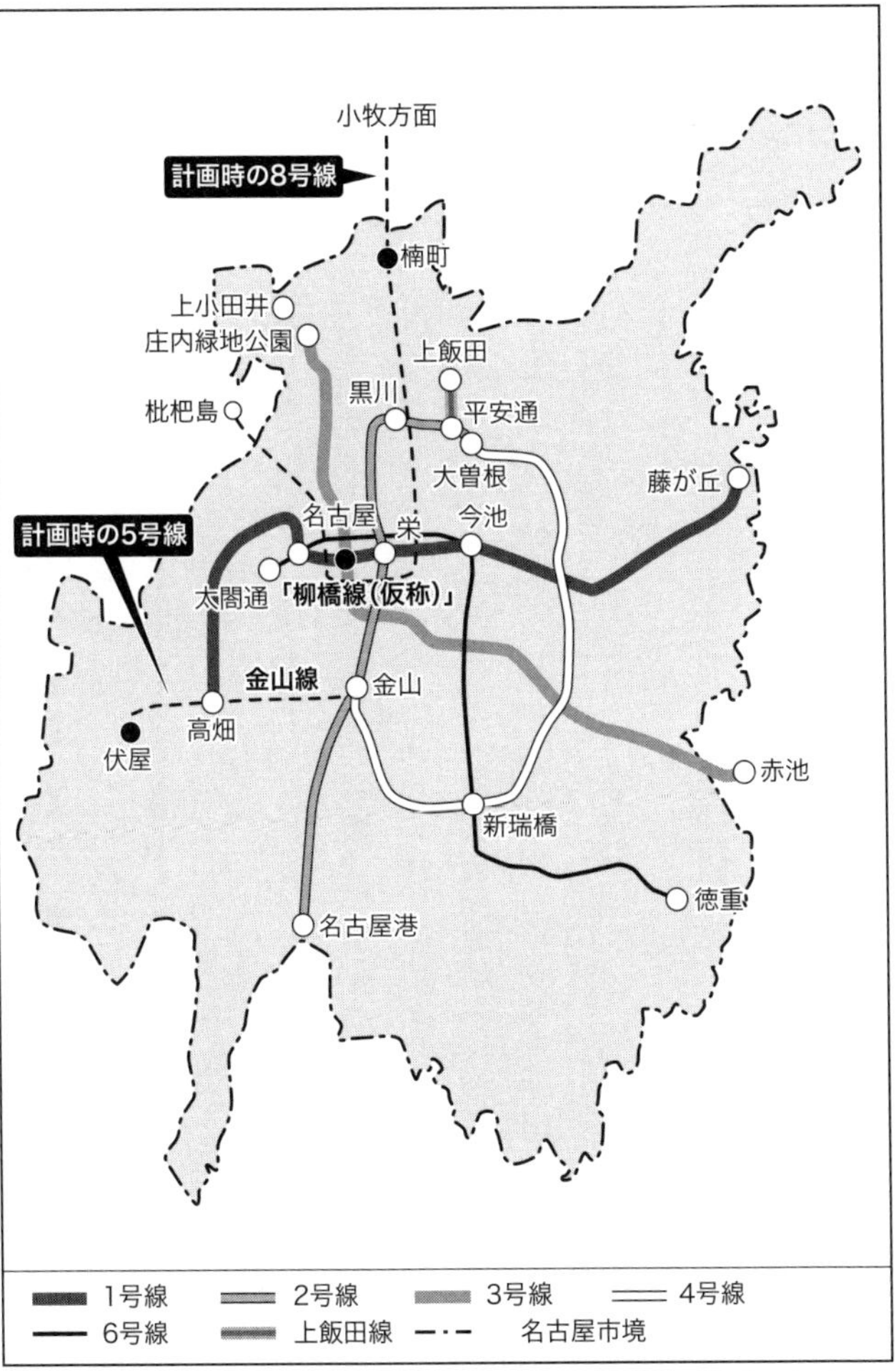

多少の変更がありながらも順調に整備された名古屋市営地下鉄だったが、平成4年の「運輸政策審議会答申」にて5号線および8号線が消失。整備されていれば、名古屋の地下鉄網は図のような形だったと考えられる。

二駅しかない日本一短い地下鉄路線はどうしてできた？

名古屋市の地下鉄には、路線の距離がわずか八〇〇メートルのミニ路線がある。この路線は上飯田《かみいいだ》線といい、上飯田〜平安通《へいあんどおり》を結ぶ。じつは駅もこの二つしかなく、日本一短い路線であるが、名古屋市の北部と都心部を結ぶ重要な路線でもある。

どういういきさつでこんなに短い路線ができたのか、歴史をたどってみよう。

戦前のこの地域では、上飯田と平安通、そして大曽根を結ぶ交通網として市電がその役割を果たしていた。ところが、昭和四〇年代に大曽根と平安通を経由し、市役所（現・名古屋城駅）へと向かう地下鉄ができたことで、平安通駅から上飯田駅へ行く路線が廃止されてしまう。

こうして上飯田駅と平安通駅を結ぶ公共の連絡機関がなくなり、利用者は徒歩か、あるいは市バスを使って移動をしなければならなくなった。

そのため名古屋の北部の犬山《いぬやま》市、小牧市、そして名古屋市北部の住民など、名鉄小牧線を利用して名古屋の中心地へと通勤・通学を行なう住民に不便が生じたのである。一駅分

※現在の上飯田線と旧計画の上飯田線の路線

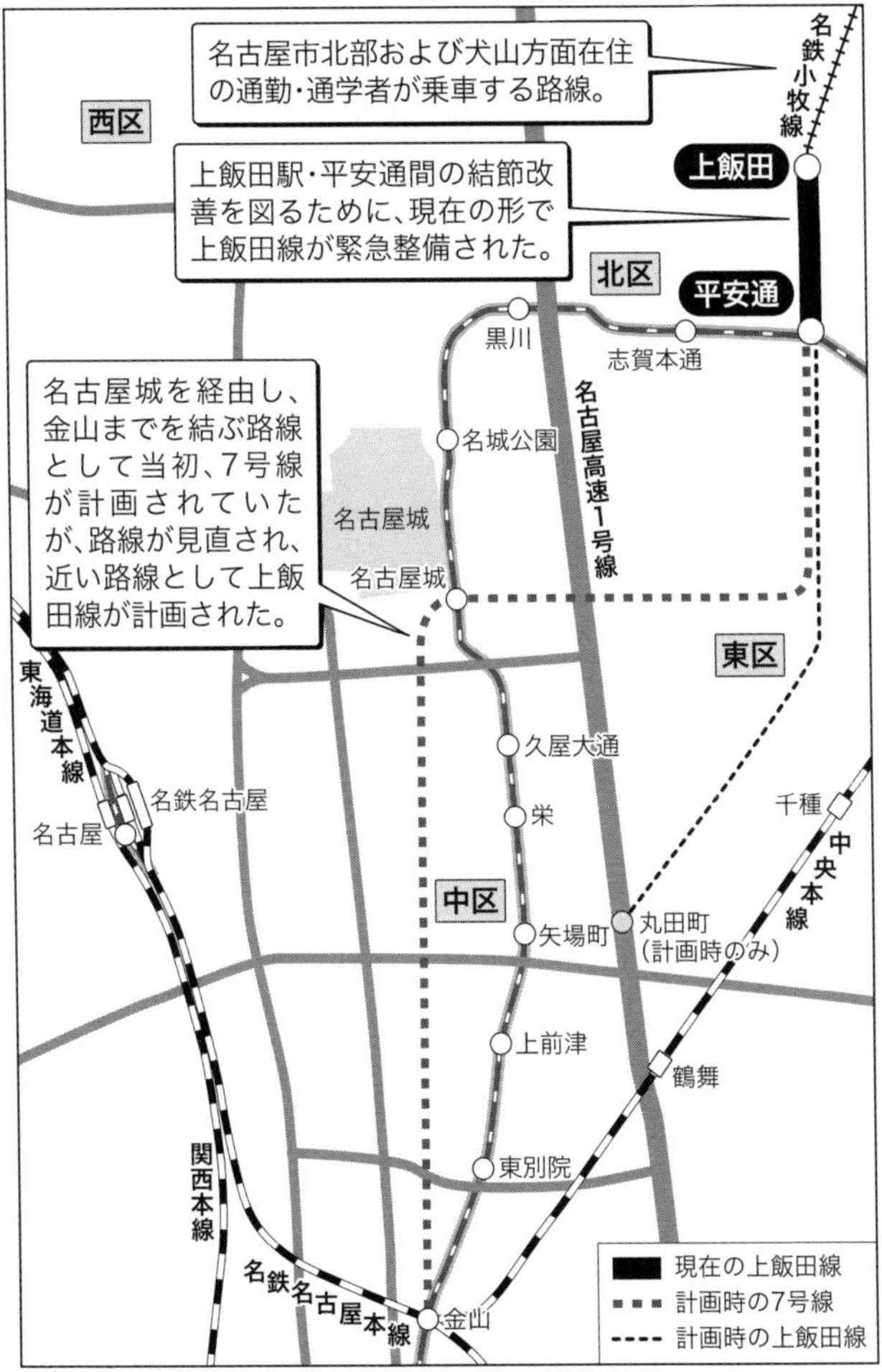

現在、上飯田線は「上飯田」駅と「平安通」駅を結ぶ日本で一番短い駅だ。しかし名鉄小牧線に乗車する北部の住民にとってはなくてはならない生活の足となっている。

とはいえ、一度鉄道を降りて、乗り換えをしなければならず、面倒なことこの上ない。連続路線の開通は、住民たちの悲願となった。

住民たちの熱意が実ったのは、およそ二〇年後のことだ。一九九二（平成四）年の答申の頃、ちょうど国から地方公営企業に準ずる第三セクターによる地下鉄事業へ、行財政支援制度ができたのである。

この路線が支援の対象となることがわかると、一九九四（平成六）年、愛知県と名古屋市、沿線三市と名古屋鉄道株式会社をはじめとする民間一六社の出資により、上飯田連絡線株式会社が設立された。

一九九六年（平成八）年には工事がはじまり、二〇〇三（平成一五）年に上飯田線が開業した。つまり上飯田駅は、名鉄小牧線との相互乗り入れを実現したが、小牧線と直通運転を前提として建設されたため、二駅のみの路線となったのである。

しかし、この上飯田線の開通は大きな意味があった。名古屋市北部と名古屋中心は直通で結ばれ、市北部の住民の利便性がおおいに向上したのである。

なお、二〇〇七（平成一九）年には、運行効率の向上とコスト縮減のため、相互直通駅である上飯田線での乗務員の交代を廃止。上飯田線は名鉄に業務委託されている。

かつて名鉄名古屋駅と近鉄名古屋駅は、線路でつながっていた！

名古屋駅は、東海道新幹線とＪＲの各在来線、名古屋市営地下鉄、そして名古屋鉄道（名鉄）と近畿《きんき》日本鉄道（近鉄《きんてつ》）が乗り入れる愛知県一のターミナル駅である。このうち名鉄と近鉄は、ＪＲ名古屋駅に接するように駅が設けられ、それぞれ「名鉄名古屋」「近鉄名古屋」と呼ばれ親しまれている。

二つの駅は両駅とも地下にあり、壁一枚を隔てて隣り合う。乗り換え客は連絡口の改札一つを通れば行き来できるため、利便性が高い。

このように今でもしっかりと連携がとれている両駅だが、かつては線路までつながっていた。渡り線がはられ、それを利用した相互直通運転まで行なわれていたのである。渡り線は名鉄の豊橋側から枝わかれする形で近鉄の線路に接続していた（一一一ページ上図参照）。

じつは名鉄も近鉄も、いくつかの鉄道会社が合併してできた会社で、当時の線路の軌間《きかん》はどちらも同じ一〇六七ミリメートル。そのため、直通運転が可能だったのである。

一九五〇（昭和二五）年に始まった直通運転は、団体臨時列車で利用されるのみだったが、画期的な試みであったことは間違いない。さぞや好評だったろうと思うが、約二年で終了してしまっている。

理由は、世の好況に押され、両社とも列車の本数を増やさねばならず、ダイヤ設定が難しくなったこと、直通運転の利用客があまりいなかったこと、名鉄名古屋駅の改修工事が行なわれたことなどがあげられる。

さらに一九五九（昭和三四）年の伊勢湾台風で大きな被害を受けた近鉄名古屋線は、復旧工事の際に軌間を一四三五ミリメートルの標準軌に変更。

これは近鉄大阪線にそろえたもので、近鉄名古屋線から大阪方面や伊勢方面への直通運転を可能にした。反面、名鉄との軌間が変わってしまったため、名鉄と近鉄の路線はつながることがなくなったのである。

しかし、二〇三四年以降のリニア中央新幹線開業に合わせ、両社のあいだでは共同で駅舎を再開発する計画が立てられている。私鉄のライバルとみなされがちな名鉄と近鉄だが、意外に良好な間柄らしい。

共同の新ターミナル駅は、地下の同じ階に双方のホームを設け、リニアとの乗継ぎに便利な駅舎になる見込みだ。

※近鉄と名鉄の名古屋駅での乗り入れと当時の路線

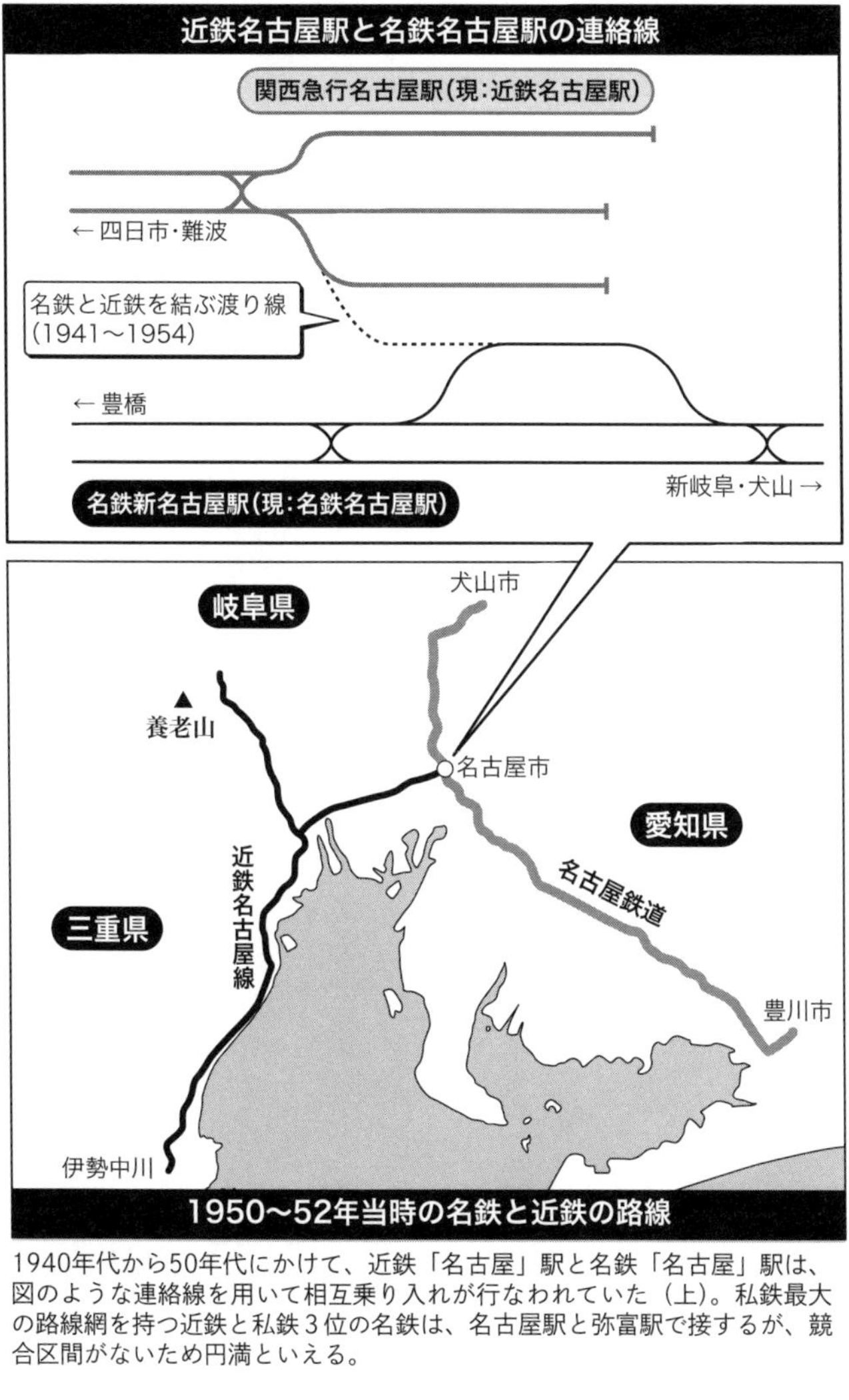

1940年代から50年代にかけて、近鉄「名古屋」駅と名鉄「名古屋」駅は、図のような連絡線を用いて相互乗り入れが行なわれていた(上)。私鉄最大の路線網を持つ近鉄と私鉄3位の名鉄は、名古屋駅と弥富駅で接するが、競合区間がないため円満といえる。

大正時代、日本で唯一の霊柩電車が走っていた!?

日本ではその昔、人が亡くなると柩《ひつぎ》を担いだ遺族や友人たちが、自宅から葬式の会場や墓地まで歩く「葬列」という風習があった。

しかし、明治以降になり都市化が進むにつれ、葬儀会場が郊外に移転するようになると、問題が生じるようになった。葬儀をしようにも歩いて行ける距離でもないし、無事に柩を送り届けるのが簡単ではなくなったからだ。

そうした事情から考え出されたのが、霊柩《れいきゅう》電車である。霊柩電車とは、現在でいう霊柩車の電車版に近い。東京や大阪などの都市で実用寸前までこぎつけたが、結局使われなかった。そんななか、全国で唯一、霊柩電車を実用化させたのが愛知県である。

霊柩電車が走っていたのは、現在の昭和《しょうわ》区内である。ここには明治時代末期、千種《ちくさ》から八事《やごと》山の興正寺《こうしょうじ》前までの三・四九キロメートルを運行する馬車鉄道が走っていた。馬車鉄道は、その名の通り馬が引く列車である。山へ観光に来る人々の足として活躍したが、やがて「八事電車」が開通したため、わずか三年で姿を消している。

八事電車は、正式名を尾張電気軌道《おわりでんききどう》株式会社といい、今池《いまいけ》〜大久手《おおくて》間から興正寺へと、順次路線を延ばしていった。結果、興正寺に参詣する人や花見客、地元民の通勤・通学用として親しまれたのである。

そんな路線に霊柩電車が走りはじめたのは、一九一五（大正四）年。きっかけは八事に名古屋市営の共同墓地と、火葬場を持つ八事霊園ができたことで、尾張電気軌道が墓地に五〇〇メートルのレールを引き込み、既存の電車を改造して霊柩電車を走らせたのである。

霊柩電車は県内の千早〜八事間と大久手〜今池間で運行され、八事霊園の近くまで柩と会葬者を運んでいたという。

では、いったいどのような車体だったのか。同年三月九日付の大阪毎日新聞には、製作途中という霊柩電車の様子が記されている。それによると、「車内中央に柩を安置する台があり、電車の横面、すなわち左右側の中央に計六尺《しゃく》（約一八〇センチメートル）の観音開きの扉をつけ、ここから柩を出し入れする」とある。普通の電車とは異なる独特のフォルムだったようだ。

愛知県では一九一七（大正六）年頃に、現在のような霊柩車がアメリカから輸入されて走るようになったというが、霊柩電車は、登場から一九三五（昭和一〇）年頃までの約二〇年間にわたり、利用されていたのである。

第四章
土地の成り立ちがわかる歴史「裏」ミステリー

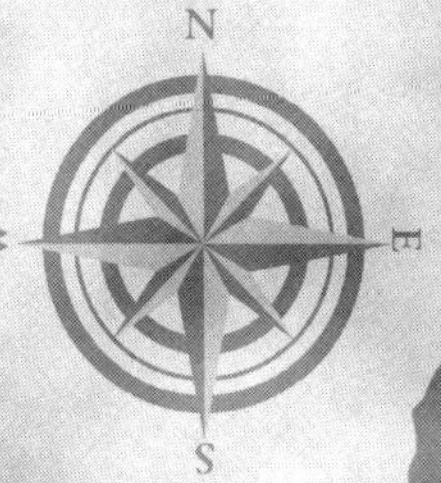

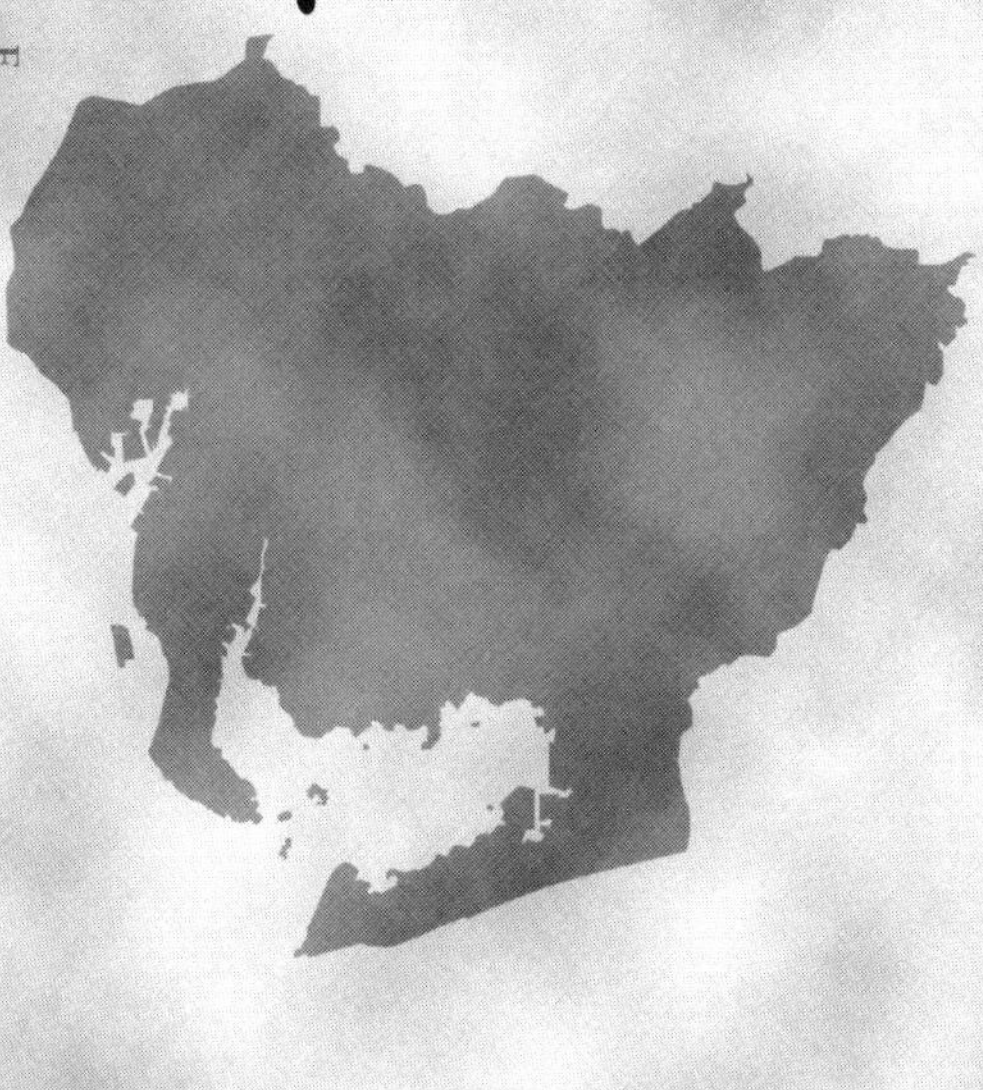

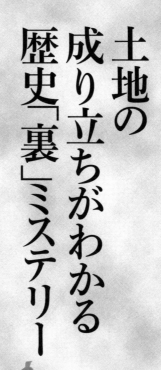

名古屋城は、豊臣系大名の財産減らしのために建てられた？

愛知県で真っ先に思い浮かぶものの一つといえば、金のシャチホコでおなじみの名古屋《なご や》城《じょう》だろうか。

五層の大天守《だいてんしゅ》と二層の小天守、華麗な書院造《しょいんづくり》の本丸《ほんまる》御殿《ごてん》からなる豪壮な平城で、築城当時は日本一の規模を誇った。江戸時代は徳川《とくがわ》御三家《ごさんけ》の一角、尾張《おわり》徳川家の居城としてその威容を示した城である。

一六〇〇（慶長《けいちょう》五）年の関ヶ原《せきがはら》の戦いののち、家康《いえやす》は東西交通の要衝である尾張《おわり》を西《さい》国大名《ごくだいみょう》の抑えの地として着目していた。そこで第四子である松平忠吉《まつだいらただよし》を清洲《きよす》に封じるが、忠吉は数年後に死去。あらためて一六〇七（慶長一二）年に、当時七歳であった第九子・義直《よしなお》を尾張に封じたのである。

義直の尾張入りを前に、家康ははじめ、清洲城の改装を考えた。豊臣恩顧《とよとみおんこ》の大名が蜂起して攻めてきた場合、今の清洲城では持たないと考えたからだ。

だが、臣下に修繕の計画を伝えたところ、家臣・山下氏勝《やましたうじかつ》が、籠城《ろうじょう》が難しく水攻めに弱

※徳川家康による大坂城包囲作戦

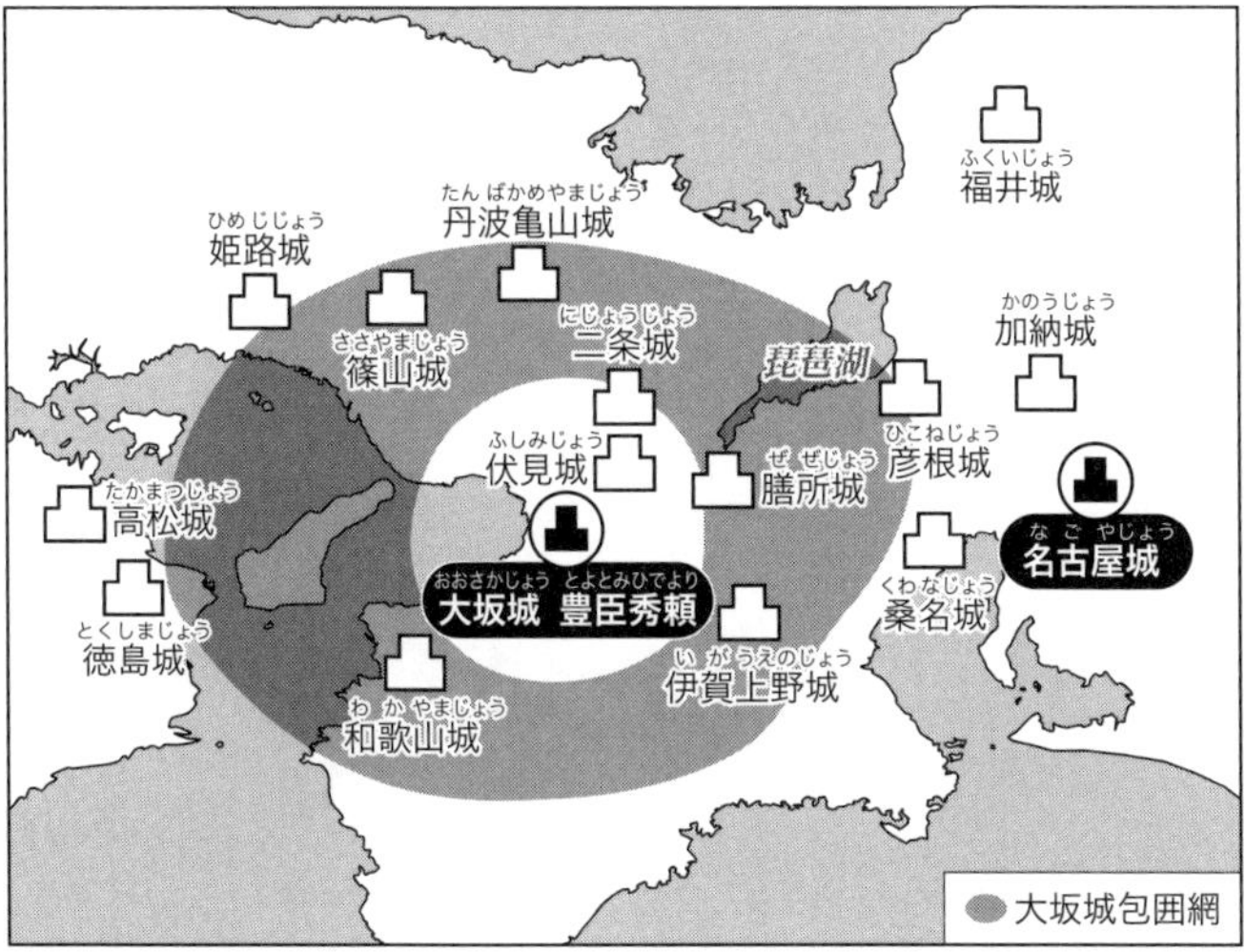

大坂城の豊臣秀頼を牽制するため、家康は急ピッチで周辺の城郭を建設および改築していった。こうして強固な包囲網が誕生すると、名古屋城建設に移り、大坂攻めの拠点としたのである。

い清洲城を捨て、新城を造ることを進言。そこで家康は臣下と審議を重ね、条件にかなった那古野《なごや》に新城を建設する決定を下したのである。

家康が名古屋城を築城した理由は、明確だった。

というのも家康は、名古屋城築城に先んじて、膳所《ぜぜ》城改築にはじまり、伏見《ふしみ》城、二条《にじょう》城、彦根《ひこね》城、篠山《ささやま》城、丹波亀山《たんばかめやま》城など、大坂を囲むように築城・改築を急ピッチで進めている（上図参照）。この頃の家康はほぼ天下を掌握しており、残る敵といえば大坂にいる豊臣秀頼《ひでより》のみ。家康は脅威である豊臣家の動きを封じるべく大坂城に包囲網をめぐらせ、名古屋城を大坂攻めの要《かなめ》にしようとしたのである。

事実、名古屋城を第一次計画から五年で完成させると、完成間際に行なわれた義直の婚儀の足で大坂城に攻め込み、豊臣家を滅ぼしている。

豊臣系大名が築城した徳川の城

豊臣攻めの成功の裏には、家康が名古屋城築城に込めたもう一つの思惑があったと考えられている。じつは家康は、築城計画にかこつけて、豊臣系の諸大名の財力と戦力の衰退を狙ったという。

つまり、名古屋城をはじめとする周辺の築城のため諸大名に号令をかけ、無報酬で築城を手助けさせる「天下普請《てんかぶしん》」が行なわれたのだ。

この天下普請では、諸国から大名を二〇家、人夫《にんぷ》を二〇万人も集めさせている。もちろん命令は絶対であり、その大名の藩領が名古屋から遠く離れていても、適用された。そしてそれは、家康の娘を嫁に迎えていた姻戚関係のある大名も同様である。

しかし、やはり中心となったのは、福島正則《ふくしままさのり》、加藤清正《かとうきよまさ》ら豊臣恩顧の大名である。天下普請では、建材の費用はもちろんのこと、人夫らの手間賃や旅費、滞在中にかかる経費もすべて自費となり、担当の大名の負担は相当なものだった。

現在の名古屋城。天守閣の頂上に金のシャチホコが燦然と輝く豪華な城郭は、豊臣方の武将たちの並々ならぬ苦労の末に誕生したのである。

彼らが請け負った土木工事は、旧暦五月から八月にかけて行なわれた。一番暑い季節であり、現場環境の厳しさはいうまでもない。その上、人夫たちは異なる藩の者同士が隣り合って作業にあたるように分担されており、ピリピリとした空気が流れていた。喧嘩が起きないよう監督するのは、大名の役目であり、工事が計画通りに進まなければ、「御家《おいえ》とり潰し」となる。

家康は彼らに多大な資金を使わせる一方で、精神的にもプレッシャーを与えて確実に戦力をそぎ、悠然と豊臣攻めを行なったのである。

名古屋城は、豊臣系大名が生き残りをかけ、必死の思いで資金と労力を注ぎ込んだ城だったのである。

名古屋城に隠されていた殿様専用の脱出路とは？

名古屋城二《に》の丸《まる》付近には、かつて有事の際に殿様を脱出させるための避難口が、ひっそりと作られていたことを知る人は少ない。

残念ながら、明治初期に二の丸やその周辺がとり壊されてしまったため、今は「埋御《うずみご》門跡《もんのあと》」という碑と、階段の上部とおぼしきわずかな石組みが残されているばかり。いったいどんな抜け道だったのだろう。

二の丸御殿は、代々の藩主が政務を行なう場所。その西側の「埋御門」が脱出口で、かつては目隠しのために高い塀で囲み、石垣を一メートルほどくぼませ、楓《かえで》の大木が植えられていたという。

埋御門の扉を開くと垂直に近い急な石段があり、脱出の際は、楓の木の二股に縄をかけ、それをつたって一気に下りる仕組みだった。

下り立つ場所は西の空堀で、そこを十数メートル駆け抜けると、深井《ふけ》大堀に舟の用意がしてある。舟に乗り込み、堀を渡って対岸の御深井《おふけ》の庭に出たら、土居下屋敷から清水口へ向かい、大曽根、勝川《かちがわ》（現在の春日井市）、定光寺《じょうこうじ》（現在の瀬戸市）を経て、木曽路へと落ちのびる。

山深く、木材や水運に恵まれた豊かな地で、再起を図るというわけだ。

また、瀬戸茶屋の東にあった鶉門《うずらもん》を出て、清水から御用水江をたどり、辻村に出て定光寺に至るという脱出路もあったという。

じつは、危急を想定した備えはほかにもたくさん用意されていた。藩主の居館や家族が住む奥御殿の周囲には、侵入者の足音を響かせる石を置いたり、渡り終えると同時に落ちる仕掛けのある石橋があったりと、万が一の場合の仕掛けがいくつもあった。

このように、忍者屋敷顔負けの備えがあった名古屋城ではあるが、実際のところ、築城以来、敵に攻め入られることなく明治を迎えたため、脱出路が使われることはなかったとされる。

だが、じつは本来の意味を知らずに、使っていた人物がいたようだ。泰平の世が続いた江戸時代後期、埋御門は御深井の庭への近道に最適だとして、藩主や近習が頻繁に通っていたのである。平和の証しと考えてもよさそうだが、気風のゆるみを嘆く藩士の日記が残されている。

犬頭神社の犬塚は、犬ではなく新田義貞の首が葬られている!?

岡崎《おかざき》市宮地町にある糟目犬頭《かすめけんとう》神社は、七〇一（大宝元《たいほう》）年に火の神である彦火々出見《ひこほほでみの》尊《みこと》を祀る神社として上和田の西糟目森崎に創建された。創建当初は「糟目神社」といい、のちに「糟目犬頭神社」と改称されたという。

ときは一四世紀。上和田の城主だった宇都宮泰藤《うつのみややすふじ》が狩りに出かけたとき、愛犬がやたらと吠えた。あまりにひどく吠えるため、泰藤が犬の首を切ったところ、その首が飛び上がり、彼を後ろから丸飲みにしようとしていた大蛇にかみついた。

泰藤はそれを見てはじめて、愛犬が命を救おうとしてくれていたことに気づき、供養のために神社の境内に犬塚を築いて愛犬の霊神を祀り、これ以後、神社は「糟目犬頭神社」になったのだといわれている。

だが、この伝承はあくまで表向きのもので、隠された歴史があるという。

犬塚を作るにあたり、泰藤は周囲に柵を巡らせた。そして塚をつくった家臣に「犬塚」、柵を造った家臣に「柵木《ませぎ》」の姓を与えて塚のほど近くに住まわせた。さらに、塚に近づいた者は熱病にかかるという噂を泰藤の一族が流布させ、人が近づかないよう工作したのだという。愛犬の犬塚とはいえ、あまりに厳重すぎる対応ではないか。

じつは泰藤が葬ったのは愛犬の首ではなく、新田義貞《にったよしさだ》の首であったという伝説がある。新田義貞は鎌倉幕府を滅ぼした南北朝《なんぼくちょう》時代の武将で、足利尊氏《あしかがたかうじ》に惨敗して越前《えちぜん》へ落ち、斯波高経《しばたかつね》軍との戦いの果てに自害している。その首は京都に送られ獄門にさらされたのだが、泰藤はひそかに首を盗み出させ、人の手が及ばないよう、自分の所領にあるこの神社に葬ることにしたのだというのだ。

世は足利幕府の時代で、義貞の首を葬ったと知れては、一族に危険がおよぶ。そこで愛犬の話や熱病などの迷信を流布したのだという。

もっとも、江戸時代の百科事典『和漢三才図会《わかんさんさいずえ》』では、犬の飼い主は泰藤ではなく、一六世紀の宇津忠茂《うつただしげ》という人物であると記され、真偽のほどは定かでない。

唯一、泰藤が義貞の首を葬ったという説を裏づけるのが、現在の糟目犬頭神社の参道右手に浮かぶ、蓮池内の小島に祀られる小さな祠。

地元ではかつて新田義貞の首塚があったという言い伝えがあるのだが、いつ誰が建てたものなのかは、不明とされる。

じつは愛知県は「縄文人の骨の出土数日本一」である

縄文時代の愛知県は、現在の面積のおよそ半分ほどが海水につかっていた。海面が現在よりかなり上にあったため、濃尾《のうび》平野の奥深くまで海が入り込んでいたのだ。

こうしてあたたかい海流に乗ってきた豊富な魚介類が陸地のすぐ近くでとれたことから、県内から発掘される縄文人の遺跡は、昔の海岸線に沿うような形になっている（左ページ図参照）。

愛知県田原《たはら》市の吉胡《よしご》貝塚は、渥美《あつみ》湾に面したゆるやかな斜面に、広い範囲で貝塚が分布している縄文晩期の遺跡である。

大正時代に行なわれた発掘調査では、なんと三〇〇体を超える人骨が出土して大きな話題となった。

さらに一九五一（昭和二六）年の発掘調査でも三〇体を超える人骨が出土しているため、縄文人の骨の出土数としては日本一とみなされている。

「みなされる」と言葉を濁しているのは、当時の埋葬法が関係する。

⁂ 中京のおもな縄文貝塚の分布図

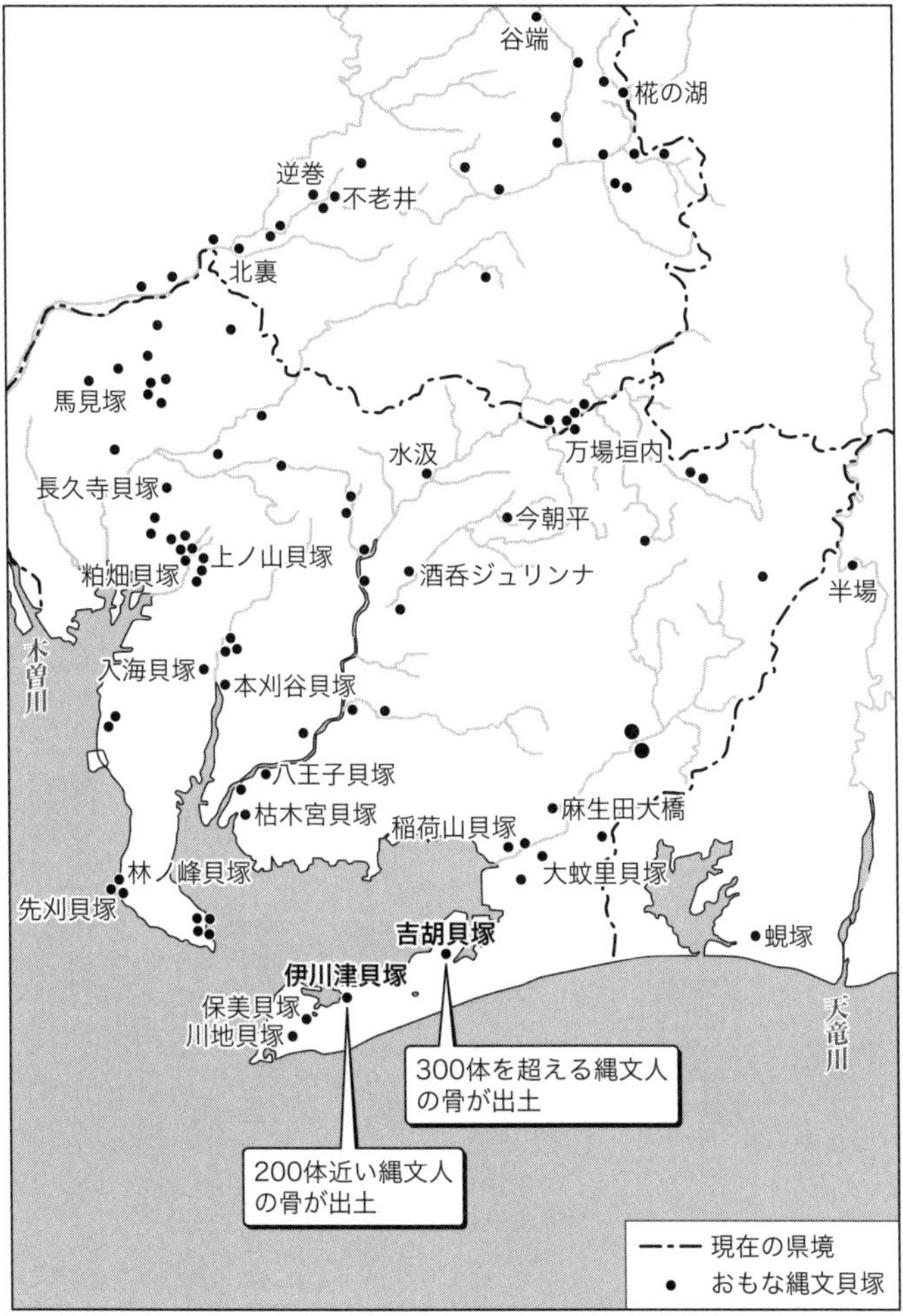

名古屋から尾張西北部にかけては、縄文時代の遺跡や貝塚が多く発見されている。その分布状況から、当時の海岸線が現在の内陸にまで入り込んでいたことが見てとれる。

縄文時代は、体を折り曲げた屈葬《くっそう》や体を伸ばした伸展葬《しんてんそう》、甕《かめ》に遺体を納める甕棺葬《かめかんそう》、埋葬後しばらくたってから骨を洗い、再び埋める改葬《かいそう》など埋葬法が多様だった。そのため、完全な人の姿で発見されるケースが少なく、正確な数がわからないからである。

同じく田原市の伊川津《いかわづ》貝塚は、明治時代から広く知られた遺跡だ。考古学者や人類学者によって幾度となく調査が続けられており、一九九二（平成四）年までに一九一体もの縄文人骨が出土している。

このように、まとまった数の縄文人の骨が出土しているという点で、愛知は際立つ。

ここから発見された人骨のなかには、石鏃《せきぞく》や磨製石斧《ませいせきふ》で傷つけられていたり、上膊部《じょうはくぶ》（肩から肘までの部分）や鎖骨に切創のある人骨などがあるのが特徴だ。傷口からほかの集団との争いがあったとする説、食人が行なわれたとする説などがいわれているが、一方で改葬の際の解体傷ではないかという説もある。

発表されている数を単純に足していけば、縄文人骨出土数日本一の県といえるが、実際はどうなのか。さらなる調査が必要だ。

太平洋戦争で、名古屋が激しい空襲を受けたのはなぜか？

太平洋戦争末期、日本の大都市はアメリカ軍からの激しい空襲によって焦土と化した。列島を脅かした空襲のなかでも一九四五（昭和二〇）年三月の東京大空襲が知られるが、名古屋への空襲もまた、苛烈だった。

記録によると、一九四四（昭和一九）年一二月一三日から翌年七月二六日までの半年のあいだに、名古屋が受けた空襲は五六回。単純に計算しても三日に一度の頻度である。たしかに、名古屋は当時すでに一二〇万都市ともいわれる大都市だった。だが、ここまで執拗に空襲を受けたのには、もう一つ理由がある。当時の名古屋に航空機産業や軍需産業の重要施設が集中していたからである。

当初アメリカは、名古屋を「繊維・窯業《ようぎょう》などの生産を行なう軽工業の町」と評価していたという。ところが実態は異なっていた。

企業整備令によって当時の名古屋では中小の企業が整理統合され、軍需生産が可能な設備や人員はそれに転用されていた。たとえば、日本毛織は三菱《みつびし》の航空機工場に、名古屋製陶所は名古屋陸軍造兵廠千種製造所《ぞうへいしょうちくさ》といった具合である。その結果、名古屋は日本の戦闘機および戦闘機エンジンの全生産の半分近くの生産を担う重工業地帯になっていたのである。

国内でこの事実は秘匿《ひとく》され、地図では空白であらわされていた。アメリカに知られないようにするためだ。しかしアメリカは、上空からの写真視察や日本兵捕虜からの聴取を繰り返すうちに、名古屋の実態を知ることとなる。

こうして、東の挙母《ころも》（豊田市《とよた》）や桑名《くわな》を含めた名古屋周辺地域が「日本の航空機産業の中心地である」という情報を得たアメリカは、首都圏の航空機産業の担い手である航空機メーカー・中島飛行機と併せ、日本本土空襲の第一目標にあげたのである。

アメリカ軍は日本の航空機産業を消滅させるため、その中心地の一つである名古屋を繰り返し空爆した。戦闘機を生産していた三菱重工業名古屋発動機製作所は七回の空襲で壊滅状態に追い込まれ、日本の戦闘機の生産力は大幅に低下することとなった。

だがそれだけでは終わらず、その後は市街地に焼夷弾《しょういだん》を投下する無差別攻撃が展開された。名古屋のシンボルたる名古屋城は焼失し、市内は一面の焼け野原と化した。この空襲による犠牲者は、約七八〇〇名にのぼった。

※戦中下にあった名古屋のおもな軍事施設 (地図は現在のもの)

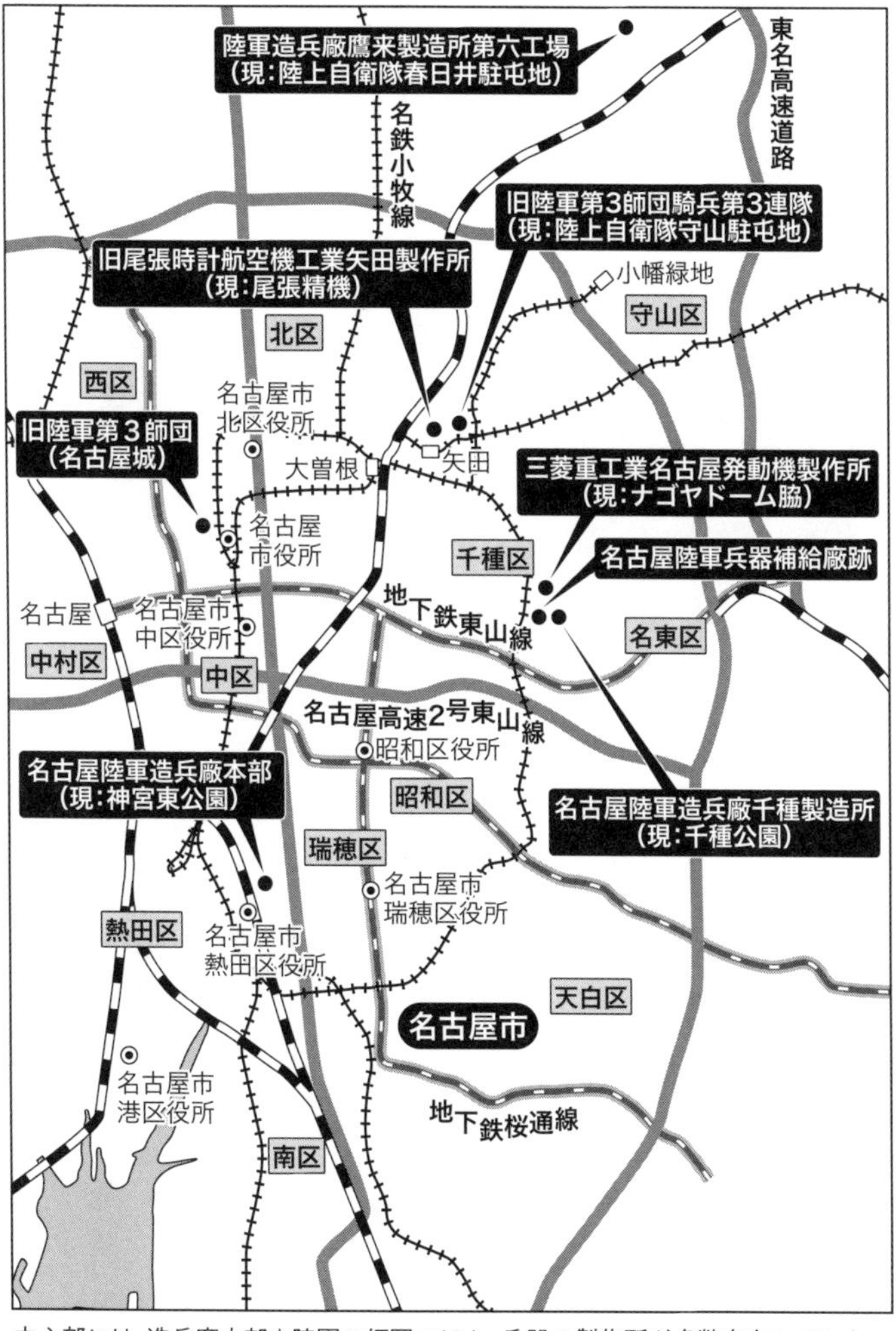

中心部には、造兵廠本部や陸軍の師団のほか、兵器の製作所が多数存在していた。その事実はアメリカ側に伝わり、大規模な空爆が行なわれたのである。

常滑市には、なんと世界最古の海水浴場がある!?

織田信長《おだのぶなが》の姪であり、徳川《とくがわ》二代将軍秀忠《ひでただ》の正室でもあるお江《ごう》は、ＮＨＫの大河ドラマの主人公にもなった女性である。そんなお江だが、じつは秀忠とは再婚であり、彼女の最初の嫁ぎ先が常滑《とこなめ》市の大野《おおの》であったことはあまり知られていない。

その大野には、世界最古といわれる海水浴場がある。

世界最古とは大層な話だが、その根拠とされるのが、鎌倉時代初期に鴨長明《かものちょうめい》が詠《よ》んだ歌だ。

「生魚《いけうお》の　御《お》あへもきよし　酒もよし　大野のゆあみ　日数かさねむ（魚は新鮮で酒もうまい。大野に潮湯治《しおとうじ》に来て、思いのほか長く滞在してしまったことよ）」という内容で、歌の原本こそ残されていないが、大野は「ゆあみ＝潮湯治」の場として中世から知られていたことがわかる。

潮湯治とは、海水につかったり浜辺で身を横たえたりする治療法で、厳密にいえば現代の海水浴とは異なる。

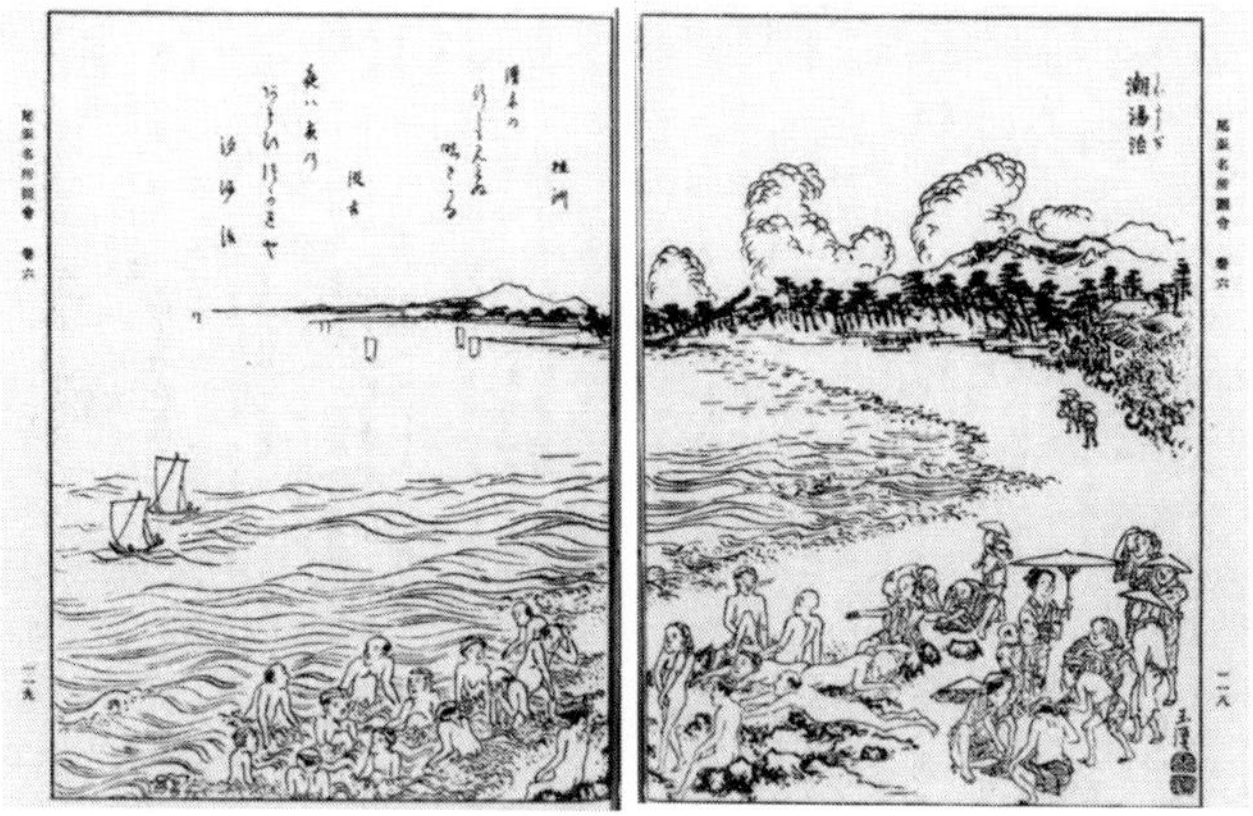

『尾張名所図会』より「潮湯治」の図（国立国会図書館蔵）。温泉のように海につかっている人や砂浜で寝転ぶ人など、老若男女が思い思いに潮湯治を楽しんでいる。図からわかるように、当時の海水浴では丸裸が当たり前。さしずめヌーディストビーチである。

どちらかというと温泉で行なう湯治に近く、治療と娯楽をかねたものだったのではないかと考えられている。

大野の潮湯治の歴史を語る文献のうち、最古のものは、徳川秀忠が弟の福松丸《ふくまつまる》にあてた病を案じる書簡である。福松丸はのちの清洲城主・松平忠吉《まつだいらただよし》で、幼い頃に皮膚病を患い、大野で潮湯治をしたところ、たちどころに治ったという。戦国時代には、大野の潮湯治が定着していたという証拠である。

また、一八四一（天保《てんぽう》一二）年に発行された『尾張名所図会《おわりめいしょずえ》』には、大野の浜辺で、大勢の裸の男女が海水につかったり浜に寝そべっている図があり、そのにぎわいが見てとれる（上図参照）。

「世界最古」の冠は、町の発展のためにつけられた！

「世界最古」の冠がつけられたのは、明治時代のこと。鴨長明の歌に目をつけた平野助三郎《ひらのすけさぶろう》という人物が、大野を観光名所にすべく「世界最古の海水浴場」としてアピールしたのである。

さらに、内務大臣や外務大臣、満州鉄道《まんしゅうてつどう》の初代総裁などを歴任した後藤新平《ごとうしんぺい》も、平野の後押しをするように「潮湯治は医療に最適」と海水浴の効用をおおいに喧伝《けんでん》した。医師でもある後藤は、この頃、愛知医学校（現在の名古屋大学医学部）で教鞭《きょうべん》をとっていて、大野に出向いては海水の検査を続けていた。

その効用をまとめたのが、一八八二（明治一五）年の『海水功用論』である。文中では、「大野の海水は木曽川、長良川と太平洋の合流地点であり、塩分が少なめで潮湯治にぴったり」というようなことを述べている。

これを機に、周辺には旅館が次々と建てられ、加温海水浴場などの設備が整うようになった。加温海水浴とは、段階的に水温が低くなる浴場に身を浸していき、海水の温度に体が慣れてから海水につかるという療法である。以降、各地の浜辺で海水浴が行なわれるよ

昭和の絵葉書に見る大野海水浴場。現在は撤去されているが、昔は「世界最古海水浴場」と墨書きされた看板が立てられていた（常滑市提供）。

うになり、一般に普及するようになった。

つまり、大野が日本での海水浴場の元祖であることは確かだろう。

もっとも、世界最古は言いすぎのようだ。海外に目を向けてみれば、海水浴の発祥は鴨長明の時代よりだいぶ古い。

ギリシア語の「海（タラサ）」と「治療（テラペイア）」からなる「海洋療法（タラソテラピー）」が二五〇〇年ほど前に死海沿岸で行なわれ、ローマ帝国を経てヨーロッパに伝わったといわれている。

だが、広まることはなく、ヨーロッパで海水浴がメジャーになったのは、近代になってからのことである。

名古屋の象徴たる〝名古屋テレビ塔〟はオール人力で作られた！

名古屋の名物一〇〇メートル道路のうちの一つ、久《ひさ》屋《や》大通《おおどおり》の中央分離帯にドカンとそびえる中部電力MIRAI TOWERは、日本初のテレビ塔「名古屋テレビ塔」として一九五四（昭和二九）年に完成した。

二〇一一（平成二三）年に地上アナログ放送が終了したため、集約電波塔としての役割を終え、現在は展望台やショップ、ホテル営業も行なっている名古屋のランドマークとして親しまれている。

そんな市民に愛される中部電力MIRAI TOWERは、高さが一八〇メートルあり、建設当時はテレビ塔として東洋一の高さを誇った。そんな巨大な塔が、じつは重機も使わず、人の手だけで作り上げられたものと知ったら驚くだろう。

工事が始まったのは一九五三（昭和二八）年、太平洋戦争の傷跡も生々しい頃のことだった。復興に意欲を見せる名古屋市では、文化と観光の拠点としてテレビ塔の建設を計画する。

しかし、計画には問題が山積みだった。建設予定地となった久屋大通は道路であり、当時の建築基準法において、道路上に「建築物」を建てることは禁止されていた。また、当時の名古屋では、高さ三一メートルを超える建物を建ててはいけないという条例があったのだ。

名古屋市のシンボルの一つとなっているテレビ塔。エッフェル塔を模したそのフォルムは、下から見上げるとじつに優美である。

だが、テレビ塔を復興のシンボルと考えた人々の意気込みは強く、テレビ塔を「工作物」であるという解釈のもと、建設が可能となったのである。

設計したのは「耐震建築の父」「塔博士」と呼ばれた内藤《ないとう》多仲《たちゅう》で、高層建築やラジオ塔の建設などの実績から名古屋テレビ塔の設計を依頼された。こののち氏は、二代目通天閣《つうてんかく》や東京タワーなどの設計にも携わっている。

設計はできたが、さらなる問題が壁となってあらわれる。戦後で物資が乏しく、建材が手に入らない。方々にあたり、神戸の造船所にあった船用の鉄材をわけてもらって、どうにか確保したのである。

ようやく工事にとりかかるも、当時、重機をはじめとする工事用機材など何もない。ツルハシとスコップで土を掘って基礎を作り、コンクリートもツルハシを使って手で練った。まさに人海戦術である。

鉄骨の組み上げに移っても、滑車を用いて人力であげ、鉄骨同士のつなぎは短い釘のようなものを二枚の金属板に通し、密着固定させる「リベット工法」が用いられるなど、手作業の連続だった。苦労続きの現場作業だったが、塔はわずか九ヵ月で完成した。

東洋一の高さを誇る塔が完成したとあって、完成当初は県内のみならず、全国からの見物客が観光バスを連ねてやってきたという。その頃の入場料は大人が五〇円。映画館の入場料が一〇〇円だった当時としては、それなりの価格だったが、戦後の日本において人々の知恵と汗によって完成した当時の「名古屋テレビ塔」は、日本の復興のシンボルとして受け入れられたのである。二〇二二（令和四）年には国の重要文化財にも指定された。

川もない場所にかかる橋!?
「裁断橋」の今昔物語

三途《さんず》の川岸には、死者の着物をはぎとる奪衣婆《だつえば》という恐ろしい老女がいるという。名古屋市熱田《あつた》区には、その奪衣婆を祀る「姥堂《うばどう》」があって、二階には本尊として姥の木像が据えられている。

堂の入り口には「裁断橋《さいだんばし》」という小さな橋がかけられていて、小さいながら欄干《らんかん》も擬宝珠《ぎぼし》もある立派なつくりだ。しかし、不思議なことに、橋の下には玉砂利が敷き詰められているばかりで、川がない。いったい何のためにかけられているのか不思議である。

結論からいえば、現在の裁断橋は、かつてこの周辺に流れていた精進川の上にかけられていた橋のレプリカである。

精進川はカーブが多く、雨が降るとすぐに氾濫するうえ、幅もせまく水運にもほとんど利用されない川で、住民にとって悩みの種だった。そこで明治の終わりから大正にかけて埋め立てられ、今は完全に消失している。精進川の代わりに作られたのが、名前も流路も一新させた新堀川だ。

裁断橋は埋め立て工事の際に撤去されて廃橋となったが、四個の青銅の擬宝珠は、道路脇に保存された。それというのも、擬宝珠に、日本女性の三大名文の一つといわれる碑文が刻まれていたからである。

日本女性の三大名文とは女性が記した歴史を代表する三つの名文であり、あとの二つは、息子を宋《そう》へと送り出す母の気持ちを述べた「成尋阿闍梨母集《じょうじんあじゃりのははしゅう》」と、鎖国の悲劇を記した「ジャガタラお春の消息文」である。

碑文には、戦国時代に豊臣秀吉の小田原攻めに出征し、亡くなった堀尾金助《ほりおきんすけ》の母が子を思う心情がつづられていた。息子の死の知らせを受けた母の嘆きは深く、金助の三三回忌の折に追善供養を行ない、擬宝珠に文章を刻ませたのである。

四つの擬宝珠のうち三つは漢文で、一つは仮名書きされており、橋を行き来する人々は、仮名書きの文章に強く心を打たれたという。そのため、川も橋もなくなったときにも擬宝珠は大切に保存され、一九九二（平成四）年には、名古屋市博物館に収められることとなったのである。

そして当時あった場所の近くに、三分の一に縮小した裁断橋を復元した。これが、現在見られる砂利の上の裁断橋なのである。なお、堀尾一族の屋敷があった大口町の五条川にも、裁断橋と擬宝珠が復元されている。

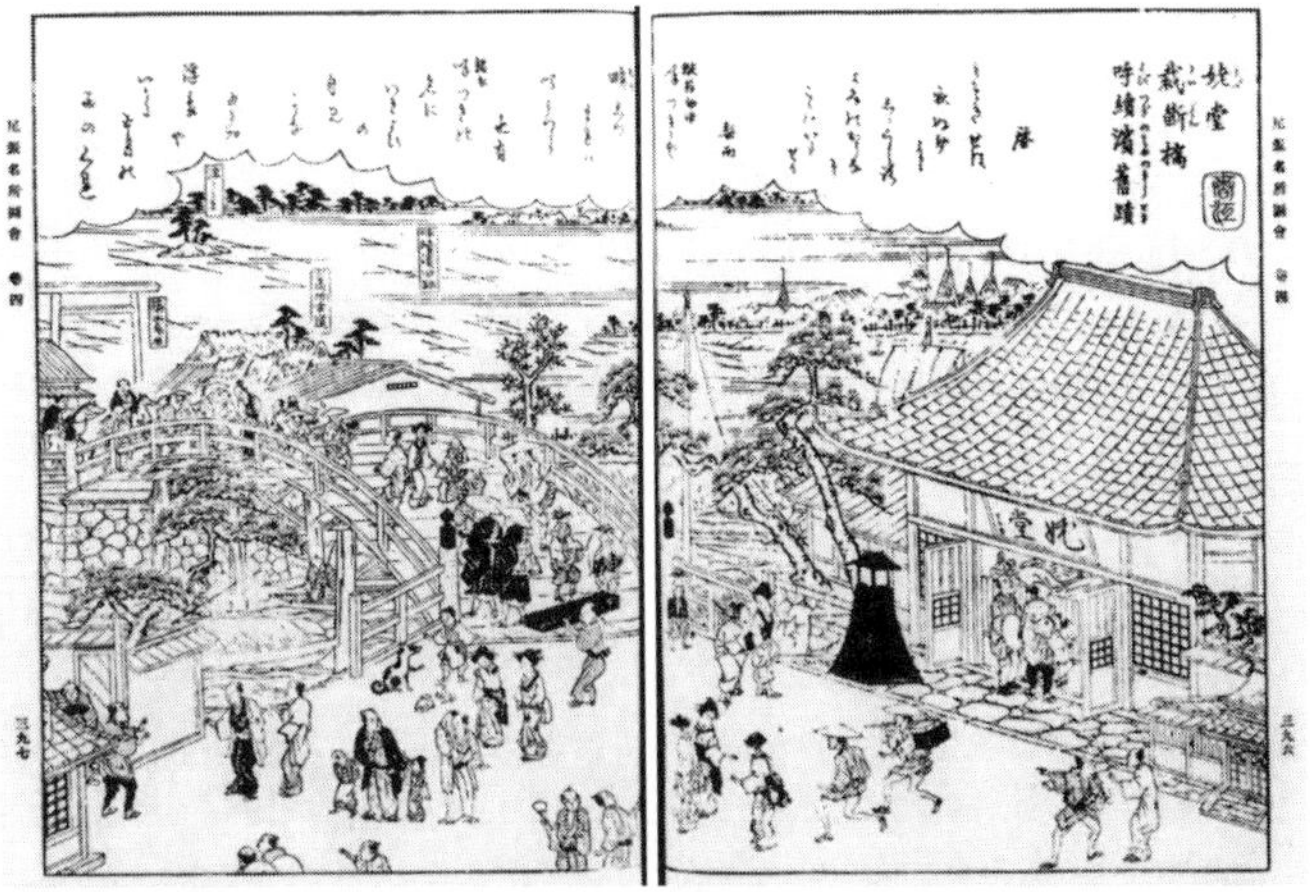

『尾張名所図会』より「裁断橋と姥堂」（国立国会図書館蔵）（上）。江戸時代、精進川にかけられていた裁断橋は、姥堂へ参る人が行き交うにぎやかな橋だった。現在はスケールが3分の1程度にまで縮められ、姥堂の手前にひっそりと据えられている（下）。

瀬戸市には、日光東照宮を真似た「鬼門封じ」の寺がある！

瀬戸《せと》市北部の応夢山定光寺《おうむさんじょうこうじ》は臨済宗《りんざいしゅう》の禅寺《ぜんでら》でありながら、境内に儒教《じゅきょう》式の廟《びょう》がある一風変わった寺院である。だが、儒教は室町時代に五山の禅僧に兼修された学問であり、歴史をたどってみれば、不思議な話ではない。

それよりも不思議なのは、尾張藩の初代藩主・徳川義直《よしなお》が境内の廟に祀られていることだ。廟は墳墓と諸殿からなり、国の重要文化財にも指定されている。

規模は藩祖《はんそ》の墓として申し分ないが、居城である名古屋城からあまりに遠く離れているのではないだろうか。

義直は徳川家康の九男として生まれ、清洲城主を経て名古屋城へ移り、尾張六二万石を領した。徳川御三家の筆頭として藩政に力を注ぎつつ、儒学にも親しむ賢君だったと伝わる。一六五〇（慶安《けいあん》三）年に江戸藩邸で没すると、遺体は木曽路を通って尾張へと運ばれ、名古屋の相応寺《そうおうじ》で葬儀が行なわれた。その後再び大移動し、瀬戸の定光寺に移され、埋葬された。

定光寺に廟を建てたのは、義直自身だった。

鷹狩りでしばしばここを訪れていた義直は、定光寺が尾張を守る要所に位置することから、戦術的なメリットを読みとっていた。また、寺は名古屋城から見て北東（丑寅《うしとら》）、つまり鬼門《きもん》の方角にある。そこで義直は、生きる者にとっての軍事拠点としつつ、自らが守護神となって鬼門を封じ、領内の難を避けようと考え、まだ自分が元気な頃に建設の指示を出したのである。

これは、義直の父・家康の行動によく似ている。

家康は、自分の一周忌が過ぎたら、日光山《にっこうさん》に小さな祠を建てて、神として祀れと遺言した。日光山は江戸から見て鬼門にあたり、家康はその守護神になろうとしたのだ。『瀬戸市史』では、義直が死してなお江戸の鎮護にあたる父の姿を真似て、この地に自分の廟を建てさせたのだと記している。

家康は、年老いて生まれた義直をことのほか可愛がり、義直もまた家康を敬愛していた。儒学や鷹狩りを好んだのも、家康の影響からという。

定光寺に義直の廟が置かれると、歴代の尾張藩主が墓参りのためにたびたび訪れるようになった。定光寺へと至る道は「殿様街道」と呼ばれ、今も残っている。

鉄道計画時、幹線ルートからはずれていた名古屋に駅ができたワケ

名古屋は、東海道本線や中央本線、関西本線などの動脈が集まる、中部地方最大のターミナル都市となっている。

歴史を振り返れば尾張藩の城下町として発達し、旧東海道にほど近い物流の要《かなめ》となるなど、都市の発展は当たり前だと思うかもしれない。だが、今の繁栄は、初代区長（現代でいう市長）を務めた一人の男・吉田禄在《よしだろくざい》の努力あってのものといえるだろう。

一八六九（明治二）年、明治政府は東京と京都を結ぶ鉄道建設計画を発表する。このとき出されたのが中山道《なかせんどう》ルートと東海道ルートだ。その後、政府が数回にわたる実地調査を経て一八八三（明治一六）年に決定した路線は、中山道ルートであった。中山道といえば、本州中部の内陸側を通るルート。名古屋を通らない、いわゆる「名古屋飛ばし」だ。

しかし、のちに政府は方針の変更を決定する。中山道ルートでの路線建設に着手したものの、群馬県と長野県の県境にある碓氷峠《うすいとうげ》をはじめとした山の工事に、時間と費用がかかりすぎることがわかったからだ。

それだけではない。政府を心変わりさせた人物がいたのだという。それが当時名古屋区長であった吉田である。

吉田は「これからの時代、東西幹線ルートからはずれてしまえば、名古屋の発展は望めない」と考え、必死の誘致運動を展開した。さらに吉田は、名古屋駅を開業する場所として、広井村の笹島を強く推した。

その頃の笹島は沼地と水田が広がるばかりで、名古屋の中心街からも離れた辺鄙《へんぴ》な場所だったが、吉田は大通りの広小路を西に延ばしたこの場所こそが、名古屋駅にふさわしいと確信していた。駅前まで広い道路を整備するからと必死の説得を行ない、ついに鉄道局を口説き落とすのである。

一八八六（明治一九）年、念願かなない笹島に停車場が開業した。名古屋発展の大きなターニングポイントであり、以降は物流の要としてにぎわったのである。

だが、一九九二（平成四）年、あることがきっかけで名古屋のトラウマがよみがえる。JR東海の東海道新幹線「のぞみ301号」の下りの一本が、名古屋駅に停車しないダイヤを組んだのだ。この「名古屋飛ばし」に名古屋人は激怒した。JR東海の発表当時から、地元の中日新聞がJR批判を繰り返すなどしてバッシング。その努力が実ったのか、五年後のダイヤ改正で「名古屋飛ばし」が解消されている。

「醸造のさと」は清酒業者の生き残りをかけた転身劇によって誕生した！

知多《ちた》半島の文化や経済の中心として栄えた半田《はんだ》市は、江戸時代より尾州廻船《びしゅうかいせん》の拠点として海運業が発達してきた土地である。尾州廻船が運ぶ半田の名産、それは酢で、江戸前の寿司酢も半田から送られたものが使われているほどだった。

海辺のまち・半田で醸造業が発展したのには理由がある。

江戸時代の半田はもともと清酒業がさかんな土地だったが、次第に灘《なだ》の酒に押されて市場を奪われるようになった。そのため経営の転換を図る者があらわれる。そんななかで彼らが目をつけたのが酢であり、酒粕《さけかす》から粕酢《かすず》を造りはじめたのである。

日本を代表する食品メーカーで、酢の全国シェアが約七〇パーセントにおよぶ「ミツカン酢（現：株式会社Ｍｉｚｋａｎ Ｈｏｌｄｉｎｇｓ）」も、ここ半田に本社をかまえる。やはり半田で清酒業を営んでいた生産・販売業者であったが、灘の勢いを見たミツカン酢の初代中野又左衛門は、二代目の太蔵（のちの酢屋勘次郎）に酢の醸造を開始させた。

やがて文政《ぶんせい》年間（一八一八～一八三〇）に江戸で握り寿司がはやると、酢の需要が増すことに目をつけた又左衛門は、江戸に酒を運ぶ船頭らを通して酢の商いを増やし、販路を拡大したのである。

一八四〇年代から六〇年代にかけては、三代目又左衛門が醸造所を拡張し、地中に一・三五キロメートルにもおよぶ木製の水道管を通して質のいい醸造用水を引き、事業を製酢一本にしぼり込んだ。こうして酢の商売を、飛躍的に伸ばしたのである。

ミツカン酢のほかにも酒造業から鞍替えする者は多く、明治時代中期からは酢のほかに味噌や醤油、ビールの醸造もさかんになった。

こうして醸造業の地として再スタートを切った半田では、清酒、味噌、醤油、酢など、現在もさまざまな醸造業者が軒を連ね、いつの頃からか「醸造のさと」と呼ばれるようになったのである。

半田の街を歩くと、半田運河に沿って黒板囲いの醸造蔵が立ち並ぶさまが見られる。環境省の「かおり風景100選」にも選ばれているこの景観は、どこかノスタルジックな雰囲気である。

古風な外観ではあるが、蔵は今も現役で活躍中だ。散策していると、あたりからほのかな酢の香りが漂ってくることに、ふと気づくだろう。

「ええじゃないか」の世直しは豊橋市牟呂から全国に広まった!?

幕末の一八六七（慶応三）年、吉田宿（現在の愛知県豊橋市）に伊勢のお札が降ったことから始まった「ええじゃないか」。民衆が仮装するなどして囃子言葉の「ええじゃないか」等を連呼し、集団で町を練り歩いたとされる社会現象で、世直しのための民衆運動だったとも言われている。

この「ええじゃないか」発祥の地と考えられているのが現在の豊橋市牟呂《むろ》だ。東海道五十三次の宿場町として栄えていた吉田宿は港のある街道で、交通・流通の中継地的な場所でもあり、情報などが入ってきやすく、広まりやすい立地でもあったと考えられる。

そのためか、「ええじゃないか」はそんな吉田宿から、東海道を伝って東西へ、伊那・別所街道を経て信濃国へと伝播し、瞬く間に全国へと広がっていった。この社会現象の発生とともに、打ちこわしや世直し一揆も増え、幕末の国内情勢は混乱。江戸幕府が政権を投げ出す大政奉還へとつながった騒動のひとつだと言える。

そんな歴史の変革に倣って、二〇〇四（平成一六）年、豊橋商工会議所青年部の方々が、

「ええじゃないか豊橋」をキーワードに様々な地域おこし事業をスタート。二〇一〇（平成二二）年には、豊橋市がシティプロモーション元年と位置づけて、この「ええじゃないか豊橋」を合言葉に様々な活動に取り組んでいる。

豊橋市の公式YouTubeチャンネル「ええじゃないか豊橋チャンネル」では、豊橋の旬な話題や市長の定例会見など、様々な情報を随時配信。

また、毎年十月第三土・日曜に開催される市民まつり「ええじゃないか豊橋まつり」でも、ダンスステージや総踊りなどで盛り上がりを見せている。

市民の足として路面電車（市電）が運行している豊橋市。「ええじゃないか豊橋まつり」期間中は車両を造花で飾りつけた花電車が走ることもある。

歴史上、トンデモなく重要な地だった「津島」の実力とは？

津島（現在の津島市）は中世以来、川湊であると同時にデルタ地帯の海に直接つながる港町として繁栄した。尾張藩初代藩主・徳川義直が鷹狩りの休憩所として造営した津島御殿があり、商業・文化の面で尾張では領主の権力にとって特に重要な地域だった。戦国時代、津島を掌握していた織田家の発展は、その財力なくしてはありえなかったとさえ言える。

一四八四年もの歴史を誇る津島神社（津島牛頭天王社）は、「西の八坂神社、東の津島神社」と並び称される、全国に三〇〇〇余りあるといわれる天王社の総本社でもある。戦国時代には織田家・豊臣家・徳川家の御三家からも特別に崇められており、江戸時代には「伊勢津島、両方詣らにゃ片詣り」と言われて、お伊勢詣りの際に、津島神社にも詣でることがならわしになっていたほど手厚く信仰されてきたのだ。

近年に至っても、戦前の学制改革前の愛知県の旧制中等教育学校時代には、名古屋市の県立第一中学校（旭丘高校）、岡崎市の県立第二中学校（岡崎高校）に次ぐ、県立第三中

「尾張津島天王祭」の宵祭で、灯りがともった数多くの提灯をつけて、悠々と天王川を漕ぎ渡るまきわら船の様子。

学校だったのが現在の津島高校だ。名古屋、岡崎の次という点でも、愛知県内で津島が重要視されてきた歴史がよくわかるだろう。

また、毎年七月第四土曜と翌日曜に開催されている「尾張津島天王祭《まつり》」は、六百年近くの伝統ある津島神社の祭礼で、荘厳華麗な川祭りだ。二隻の舟をつないでその中心に真柱を立て、一年の月数一二個の提灯を、さらに半円形状に一年の日数三六五個の提灯をつける船の山車（山車船）が出ることでも知られている。二〇一六年にはこの「尾張津島天王祭の車楽舟《だんじりぶね》行事」が、「山・鉾・屋台行事」のひとつとしてユネスコ無形文化遺産に登録されている。津島という地域のすごさは、昔から現代にいたるまでずっと続いているのだ。

第五章

なぜここに
そんなものが？
愛知「珍名所」案内

愛知に砂丘がある!?
全国的に希少な河畔砂丘「祖父江砂丘」

砂丘といえば鳥取砂丘や中田島砂丘（浜松市）など、海沿いに広がる砂丘が知られているが、稲沢市にあるのは川沿いの砂丘「祖父江砂丘」だ。

愛知県と岐阜県の境にある木曽川は、昔から冬になると水量が減り、愛知県側の稲沢市から岐阜県側の羽島市まで、かつては歩いて渡れるほどだったという。そこには北西の伊吹山方面から吹く季節風、通称「伊吹おろし」が吹き、もともと砂がたまりやすい地形だったことに加えて、伊吹おろしが岸にたまった砂を巻き上げる影響で、長い年月を経て砂が川の左岸側に堆積。その結果、日本では珍しい河畔の砂丘がつくりあげられたのだ。

「祖父江砂丘」では、毎年10月の「稲沢サンドフェスタ」をはじめ、さまざまな催しが行われている。すぐ隣には、「サリオパーク祖父江」という大きな公園があり、稲沢市民をはじめ周辺地域で暮らす人たちの憩いの場となっている。

そんな「祖父江砂丘」だが、砂地の面積は年々減少しているという。これは、砂丘の近くに造られた頭首工《とうしゅこう》の影響で河岸の水かさが増したことや、砂丘の砂から周辺の住宅を守

大きな屋根の日除け設備が特徴的な「祖父江砂丘」。周囲を防風林に囲まれ、砂地には草が生えている様子もわかる。

るために植えられた防風林の影響で、風が通りにくくなっていることなどが影響している。

また、砂地の増殖が抑えられたことで、砂地にならずに残った場所で外来植物などが増え始め、本来なら砂地だった場所が草地に変わってきていることも追い打ちをかけているようだ。「稲沢サンドフェスタ」期間中を含め年に数回程度、そんな外来植物を駆除して砂丘を保護するイベントも行なわれている。砂丘には、砂地でしか生息できない絶滅危惧種の植物や、その植物を利用している昆虫なども多いという。そんな希少な生物の生息する場所を確保するために、砂丘を後世に残していきたいものだ。

島全域が神社の境内！国の天然記念物「竹島」

蒲郡《がまごおり》市の三河湾に浮かぶ竹島は、総面積は約一万九〇〇〇平方メートル、島の周囲六二〇メートル、島の高さ二四メートルの小島で、長さ三八七メートルの橋で陸地と結ばれ、島の中央部には開運・安産・縁結びの神様である「竹島弁財天（市杵島姫命）」を祀る「八百富神社」がある。平安時代末期の一一八一年に創建され、江の島・竹生島《ちくぶしま》・厳島とともに日本七弁天に数えられている神社だ。

島内にはその「八百富神社」のほか、食べ物の神「宇賀神社」、長寿・勉学の神「千歳神社」、夫婦円満・厄除けの神「八大龍神社」、商売繁盛の神「大黒神社」の四つの神社があり、竹島全域が神社の境内となって、行くだけで御利益があると言われているパワースポットだ。

また、竹島は面積が小さいなかでも草木が密生している。琵琶湖上に浮かぶ竹生島と姿かたちがよく似ており、雑木林に覆われて竹がなかったこの島に、竹生島の竹を二本根こそぎ持ってきてご神体として植えたと伝えられることから「竹島」と名付けられたとも言

竹島橋で陸地とつながる竹島。島の頂上にある八百富神社のおみくじには、全国的にも珍しい「大大吉」があるので、運試しにひいてみよう。

われている。島内に自生する樹木は特に常緑樹が多く、対岸のクロマツ林とは全く景観が違って神秘的な風情を醸し出している。この植物群を保護する目的で、一九三〇年には国の天然記念物にも指定されている。

二〇二四年四月からは、蒲郡市の新しい取り組みとして、竹島に架かる竹島橋と陸地側にある広場・竹島園地を夜間ライトアップする実証実験もスタートし、昼間とは違う幻想的な景観を見せてくれている。

竹島園地のすぐ近くには、展示内容の解説を飼育員の手書きポップで掲示することで一躍話題となった「竹島水族館」もあり、今後、観光地としての注目度もより高まるだろう。

愛知県にどんな縁が⁉ 桃太郎を祀る神社ができたワケ

桃太郎といえば、吉備《きび》（岡山県）の伝承として知られるおなじみの昔話だ。

ところが、愛知県犬山《いぬやま》市には、桃太郎伝説を縁起とする「桃太郎神社」がある。大きな桃をかたどった鳥居が据えられた「桃太郎神社」が立つのは、犬山市栗栖《くりす》。もちろん冗談ではなく、「桃太郎」を正式名称として神社本庁に登録されたれっきとした神社である。

わからないのは、縁もゆかりもなさそうな東海地方に、桃太郎の神社があることだ。

神社の宮司さんいわく、もともとこの神社は、五〇〇メートルほど奥にある「桃山」という桃の形に似た山のふもとに祀られていた小さな社《やしろ》だったという。

桃山は、桃太郎が最後に姿を隠した場所だと伝えられており、現在の桃太郎神社は、桃山のふもとにあった社を、一九三〇（昭和五）年に今の場所に遷《うつ》したものだそうだ。ご祭神の大神実命《おおかむづみのみこと》は『古事記《こじき》』と『日本書紀《にほんしょき》』に登場する神様だ。

伊耶那美命《いざなみのみこと》が伊耶那岐命《いざなきのみこと》と神生みを行なっているさなかに死んでしまうと、伊耶那岐

桃太郎神社の鳥居。桃をかたどった鳥居が見られる神社は、日本でもここだけ。そのユニークなコンクリート製の鳥居の下には、同じくコンクリート製の猿・犬・雉が。インパクト充分である。

命は妻を追って黄泉《よみ》の国に向かった。そして地上に戻るとき、追っ手をまくために投げつけたのが桃で、大神実命はそれを由来とする。桃太郎神社では、桃太郎を大神実命の力を授かった生まれ変わりととらえているのだという。

周辺地域には、桃太郎を思わせる地名がいっぱい！

じつは、犬山周辺には、古くから伝えられてきた桃太郎の伝承がある。

――おばあさんが洗濯をしていたところ大きな桃が流れてきた。割って食べようとすると、なかから裸の赤ん坊があらわれた。おじいさん、おばあさん、それに村の人が力を合わせてその赤ん坊を育て上げた。大きくなった桃太郎は、育ててもらった恩に報いるために鬼退治をした。その後は村に戻って、おじいさん、おばあさんを看取ると、自分の役目はすべて終わったとして桃山に隠れ、二度と姿をあらわさなかった——。

我々が知る桃太郎の昔話と似ているが、鬼退治の後日談が記されているのが特徴である。さらに周辺には、桃山のほかに桃太郎を想像させる地名やスポット名が今も数多く見られる。おばあさんが洗濯をしたとされる「洗濯岩」や、家来たちと会った場所とされる「犬山」「猿洞《さるぼら》」「雉ヶ棚《きじがだな》」。もちろん「鬼ヶ島《おにがしま》」もある。

また、鬼ヶ島に向かう川は「今渡《いまわたり》」と名づけられ、鬼退治に村の人が協力したとされる場所は「助の山《すけのやま》」という。

そのほか、鬼と組み合った「取組《とりくみ》」、桃太郎が勝利した「勝山《かちやま》」、祝宴をあげた「坂祝《さかほぎ》」、桃太郎が鬼ヶ島から持ち帰った宝を積み上げて村人たちに分配したとされる「宝積寺山《ほうしゃくじさん》」という地名もある（左ページ図参照）。

桃太郎伝説の元祖はどこかについて宮司さんに尋ねてみたところ、「犬山以外にも桃太郎伝説が残る場所は全国にある。それぞれの地で独自に伝えられてきた物語であり、どれが元祖とはいえないのでは」とのこと。知名度こそ岡山におよばないが、愛知もまた、桃太郎伝説の発祥地なのだ。

※ 桃太郎神社周辺の桃太郎伝説関連地名

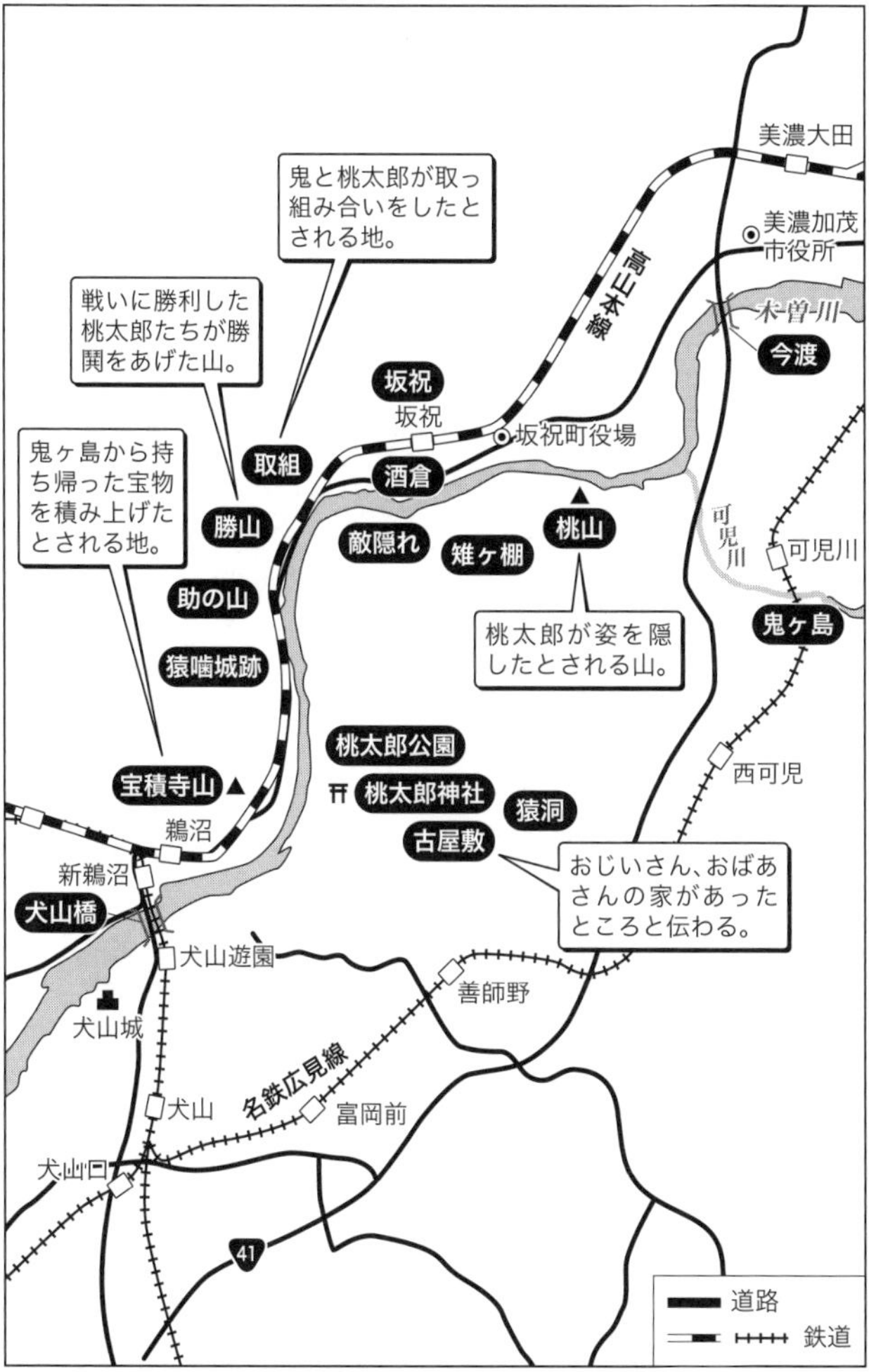

現在、桃太郎神社が立っている周辺には、犬山市という市名もさることながら、桃太郎の伝説をあらわす地名が多数残されている。

軍人のセメント像が一〇〇体近く並んでいる寺がある!?

南知多《みなみちた》町にある尾張高野山《おわりこうやさん》宗の総本山・岩屋寺《いわやじ》のほど近くにある中之院《なかのいん》は、地元ではたぬき寺と呼ばれ親しまれている。

たぬき寺の名前の通り、境内のいたるところに大小さまざまなたぬきの置物が並べられ、楽しげな雰囲気を漂わせている。

なぜ寺にたぬきの像があるのかと不思議に思える。実は先代の住職のコレクションで、昔は本物のたぬきが飼育されていたこともあったという。

そんなユーモラスな境内だが、その奥に進むと、突然、セメント製の軍服姿の軍人像がズラリと並ぶ異様な光景に目を奪われる（左ページ写真参照）。

高さ二メートル以上にもなる全身像もあれば、地中に半分近く埋もれた三〇センチメートルほどの胸像もある。

また、銃を手にする像や軍刀を携える像、そして犬を連れた兵士や若い水兵まで、数にしておよそ九〇体。驚くことに、一体一体の身なりや表情がまるで異なり、それぞれがじ

中之院たぬき寺境内の軍人像。じつはこれらの軍人像は、156ページで紹介した桃太郎神社の鳥居と動物像を作った愛知が誇る彫刻家・浅野祥雲の手による。

つにリアルなのだ。

ここまで精巧に作られていると、誰かモデルがいるのではと思いが及ぶ。事実、これらの像のほとんどが一九三七（昭和一二）年の盧溝橋《ろこうきょう》事件直後、上海《シャンハイ》上陸作戦で戦死した名古屋《なごや》第三師団歩兵第六連隊の兵士を模したものである。

「連隊史」によると第六連隊は緊急動員を受けて名古屋城内の兵営から名古屋港まで一三キロメートルの道を夜間行軍し、その足で港を出港。揚子江《ようすこう》河口付近に上陸したが、わずか八日間で全滅状態となり、一四五名もの戦死者を出した悲劇の部隊である。

所属していた兵のほとんどが愛知県出身者だったとされ、彼らの悲劇は多くの市民の心に強い印象を残したようだ。慰霊のために遺族たちが見舞金を持ち寄り、本人の写真をもとに像を作らせると、名古屋市千種《ちくさ》区月ヶ丘《つきがおか》の坂の途中にある軍人墓地に並べられたのである。像の建立は、悲劇が起きた年から一九四三（昭和一八）年にかけての六年間に行なわれたという。

このことから明らかなように、もともとは中之院にあったわけではない。どういう経緯でここにやってきたのか。

太平洋戦争を経て、アメリカ軍から撤去を命じられたときも、軍人墓地の僧は断固拒否して像を守り続けたというが、転機は唐突に訪れた。

一九九五（平成七）年に、持ち主の事情からその土地を手放さざるを得なくなり、軍人像はいよいよとり壊しの危機に陥ってしまったのだ。それはあまりに忍びないと、引きとり手に名乗りをあげたのが中之院の先代住職であり、軍人像は中之院の境内に移されたのである。

近年は遺族と連絡がとれなくなっている像も増えつつあるというが、お盆の時期には今も、遺族のお墓参りが絶えることはないという。

まるで万里の長城!? 岡崎市にある長大な石垣の謎

岡崎《おかざき》市の山間部・額田《ぬかた》方面に行くと、不思議なものが目に入る。

高さ二メートル、幅六〇センチメートルほどに積み上げられた石垣で、ためしにどこまで続いているのか、並行するように車を走らせてみると驚かされる。耕地を囲むようにして張られた石垣は、総延長が六〇キロメートルにもおよぶのだ。

異民族の侵入を防ぐために築かれた古代中国の「万里《ばんり》の長城《ちょうじょう》」のミニ版を思わせるが、この地域で大規模な合戦が繰り広げられたという記録はない。

たしかにこの石垣は、万里の長城と同じ防御壁である。しかし、何から身を守ろうとしているのかというと、じつは猪。「猪垣《ししがき》（鹿垣）」といい、農地への猪の進入を防ぐための石積みの防御壁なのである。よく見ると、山側の壁がわずかに反り返り、猪が飛び越えにくいような工夫が施されている。

最近も、全国的に猪や鹿が里を荒らし、農作物に被害が生じているというニュースがしばしば報道されるが、農家は昔から農作物を荒らす山の動物に悩まされていたという歴史がある。

ことに農民たちが年貢米《ねんぐまい》という重税を課されながら飢饉《ききん》に襲われていた江戸時代は、動物による農作物の被害は死活問題だった。

山あいで田畑が狭い額田の地も同様で、とくに猪による農作物の被害が著しく、一夜で田が全滅したこともあったという。そこで農民たちが考え出したのが、この猪垣だったのである。

現在に残る額田の猪垣のうち、万足平《まんぞくだいら》の猪垣（次ページ写真参照）は、江戸時代の後期、一八〇五（文化二）年と一八三二（天保三）年の二回にわたって築かれた。

これだけ大規模な猪垣をつくるには膨大な資金と石材が必要だったはず。『額田町史』によれば、この猪垣作りの総工費を現代の価格に換算すると数十億円になると見積もっているが、どのようにして農民たちはそれを賄ったのだろうか。

費用と石材の謎を解く鍵は、土壌にある。積まれた石材の多くは、地元で産出される黒《くろ》雲母片麻岩《うんもへんまがん》だ。

この岩石の特徴は板状に割れやすく積み重ねやすい。そんな転石《てんせき》（地表や地中にある石塊）が旧額田町の男川《おとがわ》流域にはごろごろ点在している。

普通、石垣を作るにしても手ごろな石がそうそう身近にあるわけではないし、ほかの地

岡崎市額田方面にある「万足平の猪垣」。厚みのない黒雲母片麻岩を丁寧に重ねて築かれた垣根は今なお現役で、猪の強烈な突進があっても崩れることはない。

域から運び込もうとすれば運搬費用もかかる。

しかし額田は、幸いにも石垣に適した大きさと材質の石が豊富にあったため、石材集めは比較的苦労せず、資金も最低限に抑えることができたのである。こうして集めた石材を地元の農民たちがコツコツと積み上げ、完成させたのだ。

なお、猪垣は過去の遺物ではなく、今も現役。

崩れた石垣を修復したり、石垣が低くなった部分に鉄の網をかけ、それに並行して電線も張りめぐらすなどして、現在も防御壁としての役割を果たしている。

この猪垣は、今では愛知県の有形民俗文化財にも指定されている。

江戸で死した新選組局長・近藤勇の首塚が岡崎市にある不思議

幕末期、京都で活躍した新選組《しんせんぐみ》の局長である近藤勇《こんどういさみ》は、天然理心流《てんねんりしんりゅう》の剣をふるう剛《ごう》の者で、勤皇《きんのう》の志士たちからも恐れられた。

近藤が生まれたのは武蔵国多摩《むさしのくにたま》（現在の東京都調布市《ちょうふし》）で、江戸で剣術を修めると、一四代将軍・徳川家茂《とくがわいえもち》上洛《じょうらく》の際、警護を受け持つ「浪士組《ろうしぐみ》」に参加し、土方歳三《ひじかたとしぞう》、沖田総《おきたそう》司《じ》らとともに上京した。

のちに京都守護職配下として「壬生《みぶ》浪士組」を結成し、活動を開始すると、長州藩の残党狩りなどの働きぶりが認められ、「新選組」の名が下賜《かし》されている。

以後、幕臣《ばくしん》として力を尽くしたものの戊辰《ぼしん》戦争に敗れ、板橋刑場（現在の板橋区板橋付近）で処刑された。

以上のプロフィールからわかるように、近藤勇の生涯は、江戸と京都に集中している。

だが、なぜか彼の首塚が、愛知県岡崎市の法蔵寺《ほうぞうじ》にあるのだ。

法蔵寺は奈良時代の僧・行基《ぎょうき》が開いたとされ、後花園《ごはなぞの》天皇の勅願寺となったほか、足利《あしかが》家や徳川家をはじめ有力な武家からの庇護を受けた古刹《こさつ》である。ことに、幼い頃の徳川家康がこの寺に入り、住職に手習いや漢籍を学んだことから、江戸時代には、大名たちも足繁く訪れたという。

近藤と愛知との接点は、これといってなさそうなのだが、それがあったのだ。伝承によると、江戸で斬られた近藤の首は京都に運ばれて三条河原にさらされた。このとき旧新選組の隊士・斎藤一《さいとうはじめ》がこれを奪い、近藤と親しくしていた京都誓願寺《せいがんじ》の住職・称空義天《しょうくうぎてん》のもとに持ち込んで、供養してくれるよう頼んだ。

だが称空は当時、法蔵寺の住職になっていたため、首をひそかに岡崎に運び、供養して当地に葬ったのだという。

近藤の首塚は山腹にひっそりとあるが、一九七一(昭和四六)年には地元のファンによって胸像が建てられ、毎年顕彰祭《けんしょうさい》が行なわれている。

ところで、法蔵寺に限らず、近藤の墓を名乗るところは多い。

東京都北区滝野川《たきのがわ》にある供養塔は胴が、福島県会津若松市《あいづわかまつ》の天寧寺は髪の毛が埋葬されていると伝わる。いずれの墓所も新選組ファンによって整えられ、今なお近藤人気は衰えていない。

名古屋一の待ち合わせスポット・ナナちゃんの誕生秘話

はじめて名古屋駅に降り立った人は、それを目にしたとたん面食らってしまうかもしれない。ＪＲおよび名鉄《めいてつ》、近鉄《きんてつ》の名古屋駅そばの通路に、巨大な白いマネキンが、スラリとした手足を伸ばして悠然と立っている。

このマネキンは「ナナちゃん」という。身長六・一メートルで、体重は六〇〇キログラム。スリーサイズは、上から二・〇七メートル、一・八〇メートル、二・一五メートルとインパクトは充分。はじめて見る人も間違えることがないためか、名古屋駅周辺での待ち合わせスポットにもなっている。

お洒落な彼女は、季節や流行、イベントに合わせてファッションを替える。これはマネキン人形としての本来の彼女の役割を果たすためで、そのほかにも交通安全のタスキをかけたりと、啓蒙活動にも協力する。社会に貢献するマネキンなのだ。

ナナちゃんの誕生は、一九七三（昭和四八）年。その前年に名鉄百貨店「セブン館」がオープンし、一周年記念として何かないかと東京のマネキンの見本市に出かけた担当者が、

名鉄百貨店の前にたたずむナナちゃんは、季節感やイベントなどに合わせて着替えをする。撮影当時はJICA海外協力隊の宣伝中だった。

名古屋に連れ帰ってきたのだそうだ。

名前は一般公募され、「セブン館」のセブンから「ナナ」に決定した。その後、セブン館は「ヤング館」に改称され、二〇一一（平成二三）年には閉館の運びとなった。それでも名古屋市民に愛されてきたナナちゃんが撤去されるはずもなく、今も駅前に立ち続けているというわけだ。

そんなナナちゃんに二〇一一年、妹が誕生した。ナナちゃんの六分の一サイズの縮尺で作られた彼女は、「ミニのナナちゃん」という意味で「ミナちゃん」という。ミナちゃんがいるのは、名鉄百貨店内の「メゾン・ドゥ・ナナ」のコーナー。ナナちゃんとミナちゃんが力を合わせ、さらに名古屋を盛り上げることが期待されている。

岡崎市には、なんと栃木県から飛んできたと伝わる毒石がある!?

岡崎市の村積山《むらづみやま》は「三河富士《みかわふじ》」とも呼ばれる美しい山で、頂上には富士《ふじ》浅間《せんげん》神社が立つ。「村積神社」の名で市民から親しまれている神社だが、神殿の裏手に回ると、奇妙なものが目に入る。石造りの柵に囲まれた、高さ一メートルほどの板状の巨岩で、表面には木目のような筋が入っている。

しかも、この岩は栃木県から飛んできたもので、人が触れるとたちまち病に倒れ、死んでしまう殺生石《せっしょうせき》（通称「村積山の毒石《どくいし》」）なのだという言い伝えがあるのだ。殺生石の伝説は、江戸時代に高井蘭山《たかいらんざん》が書いた読本《よみほん》『絵本三国妖婦伝《えほんさんごくようふでん》』に見られる。

――昔、尾が九本にわかれ、凶々《まがまが》しい力を持つ妖怪・九尾《きゅうび》の狐が、中国やインドで美女に化け、王をたぶらかしては国を滅ぼしていた。

狐は日本にやってくると、「玉藻前《たまものまえ》」という美しい女官《にょかん》に変化し、鳥羽上皇《とばじょうこう》をたぶらかして寵愛を受けた。やがて上皇は原因不明の病に倒れ、陰陽師《おんみょうじ》の安倍泰成《あべのやすなり》が玉藻前の正体を見破る。すると狐は那須《なす》（現在の栃木県）へと逃れ、身を隠した。まもなく勅命を受けた追手が放たれ、狐は弓で射られて絶命した。

死してなお狐の怨念は強く、石になって残り、毒気を放って周辺の草木を枯らし、近づく者をことごとく息絶えさせた。室町時代になって、そんな恐ろしい石の話を聞きつけた高僧が石を供養して一喝したところ、粉々になって日本中に飛び散った――。

この石が全国各地に残る殺生石で、岡崎市の殺生石もその一つだという。

現在、殺生石には害がないことが科学的にもはっきりしている。殺生石の多くは、火山や温泉のそばにあり、たまたま近くの噴気孔《ふんきこう》から吹き出した硫化水素や亜硫酸ガス、炭酸ガスなどの有毒成分が生物に害をなしたことが誤解をまねいたのであろう。

それを草木の枯れた荒涼たる大地を訪れた人が見て、怖れおののき、九尾の狐の伝説に結びつけたというわけだ。

だが、岡崎市の殺生石は緑の濃い山中にあり、有毒ガスが吹き出すような場所にない。いつからこの岩がここにあるのか、どのようないきさつで毒石と呼ばれ、安置されるようになったのか事実は不明だが、太い石材の柵で厳重に囲まれているさまは、伝説もさもありなんと思わせるに充分である。

日進市のドライブスルー公衆電話はいったいどんな理由で作られた？

自動車王国と呼ばれる愛知県では、自動車関連の不思議スポットが少なくない。その筆頭にあげられるのが、日進市《にっしん》にあるドライブスルー公衆電話だ。

その名の通り、自動車に乗ったままかけられる公衆電話で、グレーの電話が二台並んで設置されている。地上一メートルほどの高さにセットされており、コードも長め。庇《ひさし》がついているので、雨が降っても頭や腕が濡れなくてすむなど、利用者への配慮が見られる。

電話機の横に車を停めると、センサーが作動して電話ボックスのシャッターが開く。あとは普通の公衆電話と同じで、硬貨やテレホンカードを入れて通話するだけだ。

じつはドライブスルー公衆電話は、愛知独自のものではなく、ごく最近まで全国数十ヵ所に設置されていた。導入されたのは、ファストフード店などでドライブスルーが続々誕生していた、一九八七（昭和六二）年のこと。

ＮＴＴ西日本によると「公衆電話最盛期に、ＰＲとお客様の利便性向上のために設置した」のだという。しかし、携帯電話の普及にともない多くが撤去され、現在残るのは日進

日進市のドライブスルー公衆電話（NTT西日本提供）。雨が降ったときに車から伸ばした腕が濡れないように小さな庇がつけられていて、心遣いが感じられる。

市のここ一台のみだそうだ。

今や携帯電話を含むモバイル端末の世帯保有率が九七・三パーセントという世の中である（令和三年度総務省調べ）。そんな時代に需要はあるのかとＮＴＴ西日本に尋ねたところ、携帯を忘れたり、持っていても車を停める場所が見つからなかったり、困っている人などがいるようで、意外と利用者はいるらしい。また、ドライブスルーは幹線道路の県道にあるため、車で外回りをしている営業マンが「携帯より通話料が安い」といって使うそうだ。

存在を知っている人はよく利用するのか、ここのドライブスルー公衆電話の利用額は健闘しているそうで、現在のところ撤去の予定はないという。

栄の新名所!? 日本で唯一の金ピカポストが生まれたワケ

名古屋市栄《さかえ》は、昼夜問わずにぎわう一大繁華街だ。テレビ塔をはじめ、サンシャインサカエやオアシス21など、観光客に人気のスポットが集中する。

その栄に、二〇一〇（平成二二）年、新しい名所が誕生した。クラシックな円柱形ながら、金ピカに塗装されたポストである。しかもポストの上には、長いキセルを手にする男前な殿さまの人形が乗っている……。

この人形のモデルは、尾張藩第七代藩主《はんしゅ》・徳川宗春《むねはる》である。宗春が藩主の座についた当時、江戸では八代将軍吉宗《よしむね》が享保《きょうほう》の改革を進めていた。財政立て直しのために贅沢《ぜいたく》を戒め、芝居や芸能にさまざまな規制をかけたのである。全国の大名がこれに従い質素倹約に励むなか、宗春は公然と反旗を翻《ひるがえ》した。

芝居や祭りを奨励し、商人とも積極的に関わった。現代でいう積極財政派であり、どんどん金を動かした。そのため「名古屋に行けば、かならず儲かる」と、多くのカネとヒトが流れ込んだため、尾張は繁栄を極めた。

吉宗は改めるよう幾度となく使者を送ったが、宗春は従おうとしなかった。だが、やがて人々は遊興に溺れ、藩は借金を重ねるようになる。そのため、一七三九（元文四《げんぶん》）年に宗春は蟄居《ちっきょ》謹慎を命じられ、藩主の座を下ろされた。それから謹慎処分は解けることなく、六九歳で生涯を終える。

宗春の死後、吉宗は彼の記録を抹消し、建中寺《けんちゅうじ》にある宗春の墓石に金網をかぶせている。これは、「死してなお罪人として扱う」という意味である。このため、地元では長らく宗春を暗君《あんくん》とみなしてきた。

だが、宗春が名古屋の黄金時代を演出した人物であることは間違いない。

「宗春ポスト」。その上にキセルを持ったイケメン像が据えられ、ポストの側面には「尾張藩七代藩主・開運　ポスト宗春」の文字が見える。

そんな宗春を世に知らしめたいと考えたのが、ポストを設置したNPO法人「宗春ロマン隊」だ。名古屋中央郵便局で保管されていた旧型ポストを引き継ぎ、宗春を思わせる金ピカに塗り替えさせたのだそうだ。中区の錦三丁目にこのポストがあるので、栄にお出かけの際には、探してみてはいかがだろうか。

サボテンを食べる街・春日井市
きっかけはりんご農家の副業だった！

サボテンは、中南米では紀元前から食べられていた野菜だ。そんなサボテンの国内出荷量全国一位なのが春日井市だ。

春日井市のサボテン栽培は、一九五三（昭和二八）年頃に果樹栽培が盛んだった桃山地区で、ある一軒のりんご農家が「緋牡丹」という真っ赤なサボテンに魅せられ、副業として始めた。一九五九（昭和三四）年の伊勢湾台風の際、多くの果樹が被害を受けたなかで、サボテンは被害が少なかったことから、果樹栽培の傍らにサボテンを育てる農家が増えていったという。

春日井産のサボテンの特徴は、種から育てる実生《みしょう》栽培で、これは全国的にも珍しい生産方法だ。実生栽培とは、種まきをして発芽させた稚苗を幼苗まで育てることを言う。何百種類もあるサボテンは、種類によって注意すべきことが違うため、長年の経験が必要で、これが春日井産のサボテンを特徴づけることになった。

今では「実生サボテンといえば春日井市」とも言われ、全国有数のサボテン生産地とな

全国的にはなじみはないが、メキシコ料理では欠かせない食材「ウチワサボテン」

った。二〇〇六（平成一八）年まで実施された農林水産省作物統計調査では、「サボテン及び多肉植物」の出荷量で全国一位となっている。

観賞用として人気のあるサボテンだが、春日井市ではサボテンの持つ力に着目した食品や美容品を開発したり、市内外の人々が楽しめるイベントを開催したりするなど、「春日井サボテン」を通じた地域活性化にも取り組んでいる。

また、「地産地消給食」として二〇〇七年からは学校給食にもサボテン料理が取り入れられているほか、サボテンを使った料理や商品を販売するお店も市内に数多くあり、「サボテンを食べるまち」として注目を集めている。

知らない人も多い⁉ USB充電ができる名古屋市の観光案内板

名古屋市内の観光施設や地下鉄入り口、主要交差点などで最近よく見かける新しい観光案内板。二〇二〇年一二月から設置され始め、市内に一五〇基を目標として整備していく予定だとか。高さ約三メートル×幅一・三メートルのこの観光案内板、実はUSB充電ポートやフリーWi－Fiなど便利な機能が付いているのだが、市民にもほとんど知られていない。周辺の地図が掲示されているのはもちろんのこと、側面を見ると、スライド蓋に隠れてはいるものの、USB充電ポートが一口付いているのだ。充電コードは自前で必要なのだが、誰でも自由に利用できる。

設置の目的は、二〇二六（令和八）年に開催予定のアジア競技大会など、名古屋市も他の主要都市や観光地同様、観光客をはじめ国内外から訪れる人が増加していることから、名古屋市を訪れた観光客が目的地まで迷うことなくスムーズに移動できるよう、設備環境を整えること。地域図の掲出、主要観光施設情報、方向誘導、多言語対応など、観光案内としての機能もしっかりと備えており、定期的に地図や観光情報が更新され表示されている。内照式照明が搭載されており、夜間でもしっかりと案内板を見ることができる。また、ＵＳＢ充電ポートやフリーＷｉ－Ｆｉは、災害時や緊急時の連絡手段の確保として利用してもらうことも想定。とはいえ、基本的には平常時での利用もＯＫなので、スマホの充電ピンチの時など活用してみてはいかがだろうか。

2020年12月に名古屋市役所本庁舎前に建てられた観光案内版の初号機。側面に設置されているUSB充電器は、蓋を上にスライドさせるとUSB充電ポート(Aタイプ）が出現する。

知多半島の岬にSKE48の歌碑が建てられた理由

二〇一三（平成二五）年七月、知多《ちた》半島に位置する南知多町の羽豆岬《はずみさき》に、人気アイドルグループSKE48の『羽豆岬』の歌碑が建てられた。演歌などのご当地ソングを歌碑とする自治体は少なくないが、アイドルソングの歌碑は珍しい。それもこの曲は二〇一〇（平成二二）年発売の、『ごめんね、SUMMER』のカップリングであり、いわばB面の曲。そんな歌の歌碑は、全国を見渡しても存在しない。

この異例とも言える歌碑誕生にはいったいどのような背景があったのだろうか。

南知多町によると、もともと羽豆岬がある師崎《もろざき》地区は、目立った史跡や名所に乏しく、観光に訪れる人が少なかったという。

しかしこの『羽豆岬』が発売されると、ファンのあいだでじわじわと人気を集め、それと同時にミュージックビデオのロケ地である羽豆岬も注目されるようになった。とくにビデオに登場する羽豆神社や展望施設などは、ファンが「聖地」と呼び、多くの人が訪れるようになったのである。

『羽豆岬』の歌碑。見る人によってハートにも勾玉にも見える歌碑のデザインは、地元の住民であるグラフィックデザイナーによるもの。

じつは『羽豆岬』は、SKE48が掲げる活動テーマ、「地域密着」と「地域貢献」に沿って作られた作品だった。地域活性のためにSKE48がひと肌脱ぎ、それが当ったというわけだ。

話はここで終わらない。じつは歌の発売に先立ち、観光資源に乏しい町を憂えた行政や住民が協働し、「師崎まちづくり協議会」が発足準備を進めていた。その最中、協議会会長の鳥居恵子さんは『羽豆岬』の発売と、ファンの「巡礼」の実態を知る。さらにその歌詞に感動した鳥居さんは、「活性化の起爆剤になる」と考え、歌に登場する展望台の建て替えと、歌碑建立などを計画し、行政に訴えたのである。その強い思いが実り、やがて展望台が再建された。

しかし歌碑建設については費用の負担もあり、慎重に進められたようだ。

追い風となったのが、二〇一二（平成二四）年に『羽豆岬』が「リクエストアワー セットリストベスト50」で、一位を獲得したことだ。これにより『羽豆岬』は周知され、SKE48の知名度も高まった。また同年、NHK紅白歌合戦に単独出場を果たすと、地元の人々も歌碑の設立に前向きになったのである。

南知多町によると、歌碑完成後は観光客が増え、とくに若者が訪れるようになったという。観光客の多くはメンバーのサインが施されたバスに乗り、メンバーがミュージックビデオ内で記念撮影をするシーンが撮られた展望台へ行き、すぐ近くの羽豆神社にお参りするのが定番になっているのだとか。

現在、羽豆神社には、SKE48の活躍を祈願する絵馬や、自分の推しメンを応援するメッセージが書かれた絵馬など、SKE48に関連する絵馬がズラリと並ぶ。こうして羽豆岬は、ファンとメンバーをつなぐ特別な場所になっている。

第六章
地理・地形から読み解く尾張と三河の違い

かつて愛知県に琵琶湖の六倍にもなる巨大な湖があった！

日本一広い湖といえば滋賀県の琵琶湖《びわこ》である。だが、かつて愛知県を含む濃尾平野《のうびへいや》に、琵琶湖の六倍もの広さの湖があったことを知る人は少ない。

知らないのも無理はなく、今から六五〇万年前頃から一二〇万年前頃までと太古の昔の話である。

湖の名は「東海湖《とうかいこ》」という。岐阜県南部から愛知県を経て、三重県の鈴鹿《すずか》山脈まで広がる広大な湖であった。

東海湖は、六五〇万年ほど前に、現在の知多《ちた》半島あたりが沈降《ちんこう》したことで誕生した。それが、沈降が進むにつれて広さを増し、およそ三〇〇万年前にピークを迎える。その後、土地が隆起《りゅうき》するに従って、湖は北西部へ移動しながら小さくなり、やがて砂礫《されき》層が堆積するようになると、消失してしまったのである。

今、東海湖があった場所を訪れても、その名残を見つけることはできないが、現代に生きる人々は、別のところでかつて存在していた湖の恩恵を受けている。それが、愛知名産

⁂ 東海湖の変遷

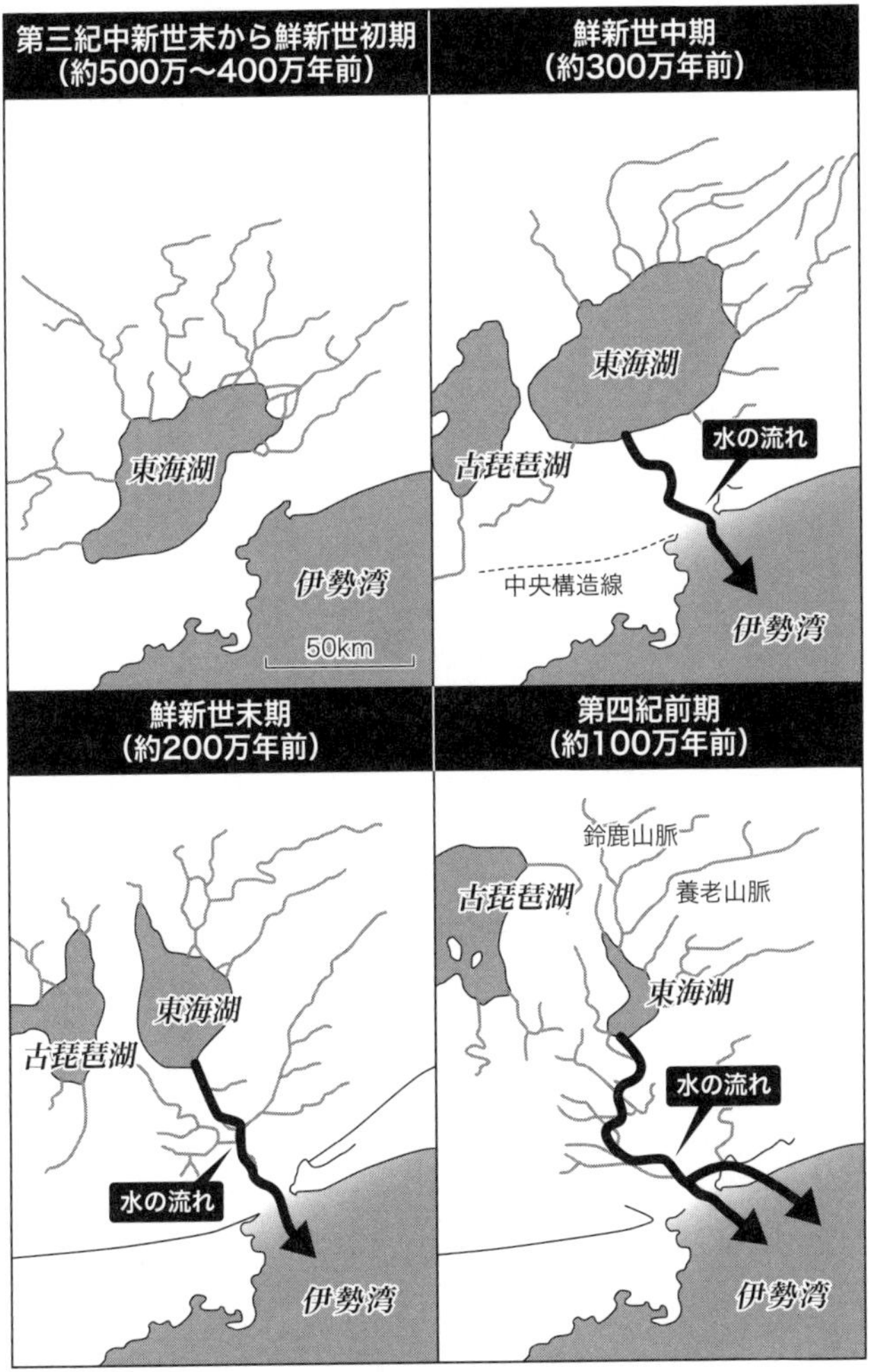

650万年前にあらわれた「東海湖」は、300万年前をピークに北西へと移動。土地の隆起とともに形成された川から水が流れ、やがて消失した。

の瀬戸物《せともの》だ。

瀬戸とその周辺の陶器の歴史は古く、奈良時代にはすでに陶器の産業があったという記録が見える。そして、江戸時代には、尾張《おわり》藩の保護を受けてさらに発展した。

実際に、名古屋市の北東部に位置する東山《ひがしやま》丘陵には東山古窯《こよう》跡群と呼ばれる二〇〇基の窯跡があり、名古屋郊外には猿投《さなげ》古窯跡群、春日井《かすがい》市・小牧《こまき》市には尾北《びほく》古窯跡群などが発掘されており、焼き物の産地であった。

なぜここまで焼き物の産業が発達したのかというと、東海湖の湖岸に堆積した土が良質の陶土となっていたため。

東海層群の最下位層準として分布する陶土層は「蛙目《がいろめ》粘土」「木節《きぶし》粘土」などと呼ばれる。上流で風化した花崗岩の二次堆積物が粘土化したもので、陶器のほか、化粧品の原料としても用いられている。

こんにち我々は、瀬戸産にかぎらず、あらゆる陶器・磁器を「せともの」と呼んでいるが、瀬戸で窯業が栄えたことを考えると、これも「東海湖」の存在があったからこそなのだといえる。

犬山市を頂点とする広大な扇状地はどう形成されたのか？

愛知県は、扇状地《せんじょうち》が多い。

扇状地とは、河川が山地から低地に移り、流れがゆるやかになったところに、堆積物である砂礫《されき》が積もってできる扇形の土地のことだ。

県内ではおもに木曽《きそ》川、矢作《やはぎ》川、豊川の三川によってそれぞれ扇状地が形成されている。なかでも広い面積を持つのが木曽川の流れでできた犬山扇状地であり、これは国内でも最大級の扇状地として知られる。

犬山市を扇形の先端として、一宮《いちのみや》市から岩倉《いわくら》市、小牧市あたりまで、半径にして約一二キロメートルにおよぶ巨大な扇状地を形成している。

犬山扇状地の下には、濃尾平野が広がる。木曽川・長良川・揖斐《いび》川の「木曽三川《さんせん》」によって運ばれてきた大量の土砂が積み重なってできた平野だ。

濃尾平野に土砂を運ぶ量は、長良川や揖斐川に比べて木曽川が圧倒的に多く、木曽川は、中部山地から流れ出る際に、犬山市北部の川幅の狭い場所を通る。

そのため犬山扇状地は典型的な扇形となり、広大な濃尾平野の上に重なるようにして大きくなった。

扇状地の上流域の地質は表土が薄く、その下は細かい石状である礫《れき》が多いため、上流から流れてきた川の水は地下へ潜って伏流《ふくりゅう》となりやすい。それゆえ水不足に陥りがちで、扇状地での農業はもっぱら畑作中心となり、とくに犬山扇状地は耕地とせず松林となっている場所が多かった。

だが江戸時代になると、犬山扇状地を農業に利用すべく努力が重ねられ、用水が築かれたのである（左図参照）。

犬山から木曽川の本流に沿って一宮に流れる宮田《みやた》用水、犬山から真っ直ぐ南に流れる木津《こっつ》用水によって稲作が可能となった。これらの用水は、のちに岐阜県内の羽島用水と合わせ、犬山頭首工《とうしゅこう》という取水口《しゅすいこう》の完成により、今も安定して水田に水を送り続けている。

その後、昭和初期には桑の栽培が奨励され、戦後になると工場や住宅の用地として開発が進んだのである。

※ 木曽三川の扇状地と用水の歴史

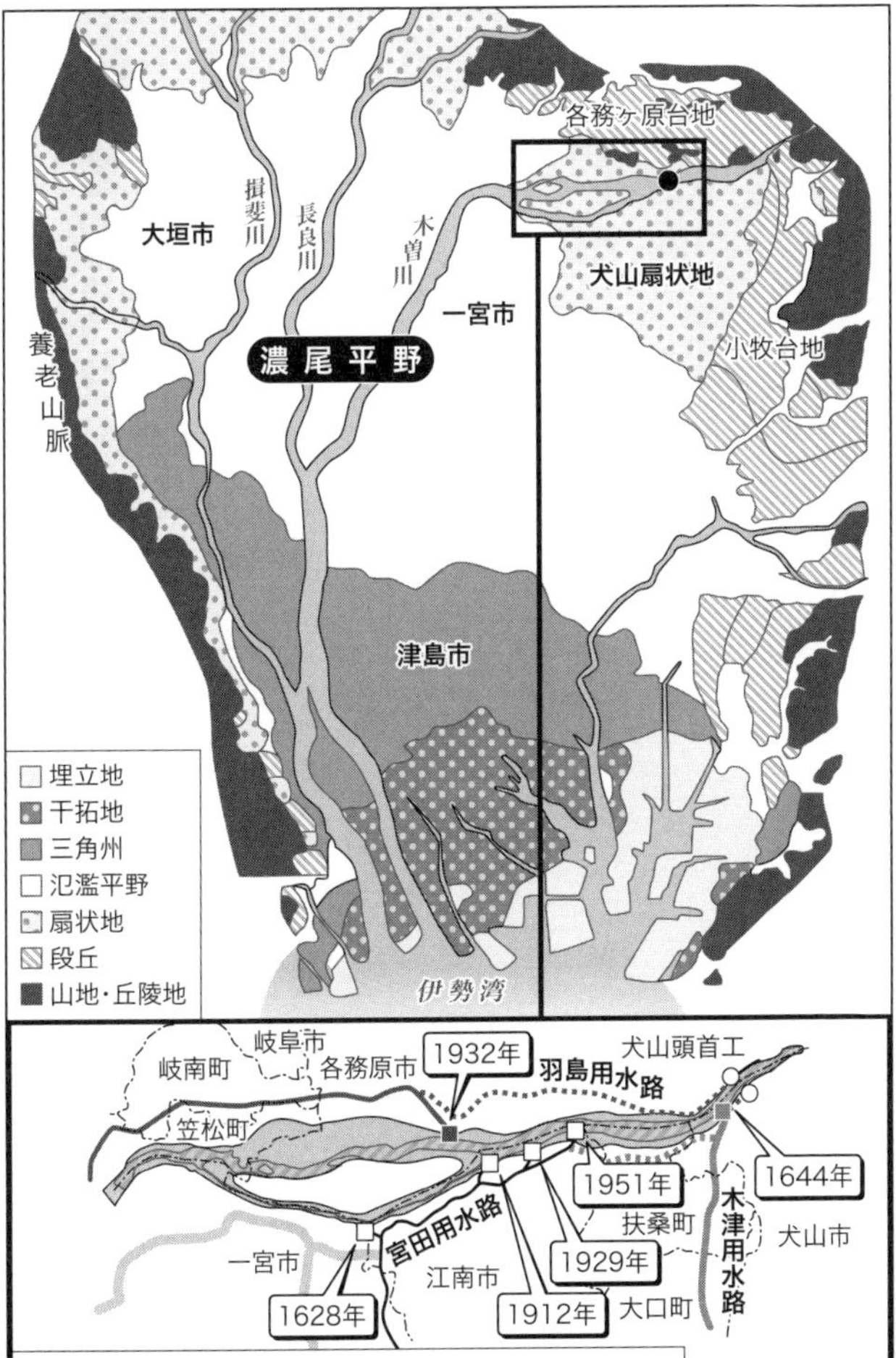

尾張地方北部から岐阜県にかけては、扇状地が多い。規模の大きい犬山扇状地は農業への利用が検討され、用水をひくことでそれが可能となったのである。

三河と尾張で戦国時代の城郭が異なるワケ

「尾張名古屋は城でもつ」というように、愛知県の城といえば名古屋城だろう。現在、尾張に残るのはこの名古屋城と犬山《いぬやま》城の二つだけだが、その昔は数多くの城があった。

戦国時代の城郭《じょうかく》は平地に建てられる平城《ひらじろ》と、小高い丘に建てられる平山《ひらやま》城、そして山岳に築かれた山《やま》城の三つの形態に分類できる。

一般に平城は、守りよりも生活の利便性を重視して築城されたものが多い。防衛手段としては、高い石垣や土塁《どるい》、水堀などが用いられる。名古屋城は、平城の代表例だ。平山城は、小山に築くことで、石垣と堀に加え、傾斜や谷といった自然の地形を利用して防御を高める城郭である。犬山城はこのタイプになる。

山城は、山を丸ごと城にしたもので、尾根《おね》を平らに削って曲輪《くるわ》（城を構成する区画）などが設けられている、山そのものが要塞《ようさい》のような防御に特化した形態だが、どちらかというと日常の生活には不便があった。

このように用途によって使いわけられていた城郭だが、愛知県の場合、その地形の特徴

※ 愛知県内の地形断面図とおもな城・城跡

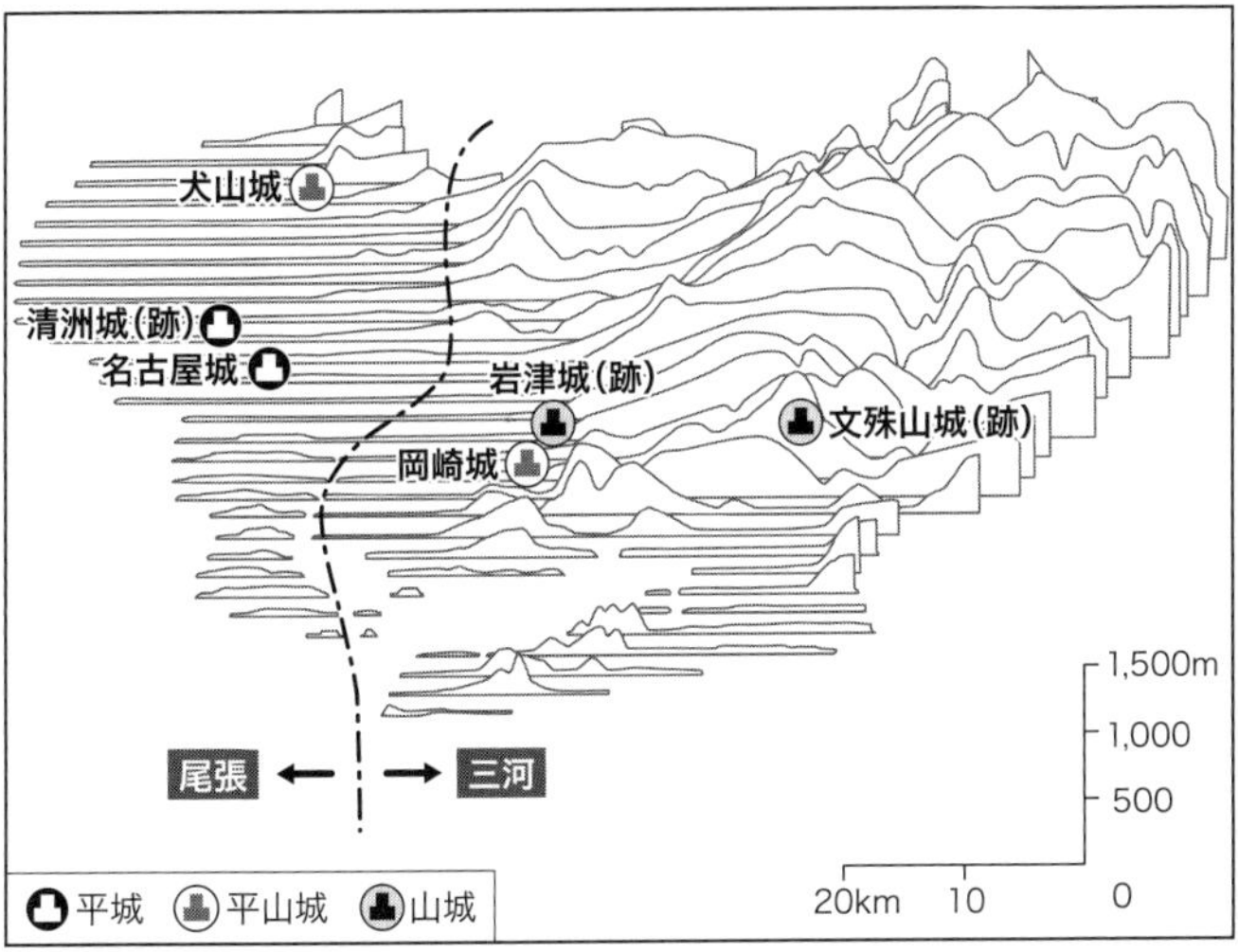

地形断面図を見ると、愛知県の地形が尾張と三河で極端に異なることがわかる。平野が広がる尾張で平城が、山岳地帯が多い三河で山城が発達したのは必然だったといえるかもしれない。

から西部の尾張と東部の三河《みかわ》で違いが見られる。尾張では名古屋城のほかに、戦国時代に織田《おだ》一族が領有していた清洲《きよす》城、犬山城など平城・平山城が多く、これに対し三河は、文《もん》殊《じゅ》山城や岩津《いわつ》城など、山城が多い。

尾張は濃尾平野が広がり、全国最大級の犬山扇状《せんじょう》地もある。海抜ゼロメートル地帯とされる低湿地帯も多く、平地が広がる地域である。一方の三河は、東部に千メートル級の山々が南北に連なる「三河の尾根《おね》」を形成するなど、圧倒的に山岳地帯が多い。つまり、尾張は広大な台地が多いために平城が多く、三河は山岳地帯が多いために山城が多いのだ。

矢作新川は、なぜ地盤が固い場所に切り開かれたのか？

安城《あんじょう》市木《き》戸町《どちょう》あたりから大きくカーブする矢作新川は、時代とともに大きく変化している。矢作川は、一六〇五（慶長《けいちょう》一〇）年に、「大御所《おおごしょ》（徳川家康《とくがわいえやす》）のおおせによりて」、新しく切り開かれた人工川である。

矢作川下流域の本流は今の矢作古川であったが、古川の川幅は狭く、湿地や低地帯の沖積平野だったため、しばしば洪水が起きていた。

そこで一五九〇（天正《てんしょう》一八）年に、岡崎城主・田中吉政《たなかよしまさ》が中流部に一部堤防を築く治水工事を決行する。しかし工事の結果は散々なもので、大雨が降って川が増水すると、堤防内で行き場を失った水があふれ出し、ひどい洪水を起こして田畑や家を押し流すこととなった。

この問題に立ち向かったのが、家康の命を受けた深溝《ふこうず》城の城主・松平忠利《まつだいらただとし》である。陣頭に立って指揮をとる忠利は、矢作古川の分岐点から、西尾市のあいだ約一・三キロメートルを開削し、矢作川の新しい流れを作ることを計画する。

工事は難航した。というのも、木戸町から西尾市の一帯は地盤が強固な洪積台地だったからだ。それでも忠利があえて切り開くのが難しい台地を開削して矢作新川としたのには、どんな理由があったのだろうか。

答えは当時の地形にある。一八世紀に作られた三河の絵地図『懐玉三河州地理図鑑《かいぎょくみかわのくにちりずかん》』を見ると、当時は油ヶ淵《あぶらがふち》から米津《よねづ》町（現在の西尾市）まで海が入り込み、入江となっていたことがわかる。木戸町から米津町までの距離は、前述の通り、一キロメートル強。忠利は、たとえ地盤が固くとも、このわずかな距離さえ切り開けば、矢作川の水を三河の海にすばやく落とすことができると考えたのである。

忠利の戦略は当たった。新川を切り開いたことで、川の流れがよくなり、旧吉良《きら》町・一色《いっしき》町を含む西尾市の治水も可能となった。そしてこれを機に、一帯の新田開発も一気に進んだのである。矢作川は広く農業用水として利用されるようになり、昭和時代には矢作ダムが作られ、上水道、工業用水として一層利用されるようになった。

だが、周辺の治水に成功する一方で、新たな問題が生じていた。

矢作新川によって大量に土砂が運ばれるようになった油ヶ淵の入江が、時代の経過とともに埋め立てられて平野へと姿を変えてしまったのだ。こうして入り口をふさがれた油ヶ淵は湖となって孤立した。そのために排水が滞《とどこお》り、水質悪化が懸念されている。

文化や言葉遣いがガラリと変わる！
尾張と三河の境界線はどこ？

愛知県は、総面積五一万六五〇〇ヘクタール（平成二三年）と、全国で二七番目の広さを持つ。しかし歴史をさかのぼれば、尾張と三河というまったく異なる二つの国だった。県庁所在地のある名古屋市を含む西部が尾張地方で、岡崎市や豊田《とよた》市のある東部が三河地方だ。面積でいえば、三河の面積が尾張の面積の二倍ほどあり、両者はその名もズバリ境川《さかいがわ》という川で区切られていた。境川は、国道一号線を名古屋から東に向かっていったとき、豊明《とよあけ》市あたりで南北に流れている川だ。

国道一号線に並行して、すぐ北の旧東海道に立つ「境橋《さかいばし》」の看板には、「一六〇一（慶《けい》長《ちょう》六）年、東海道に伝馬《てんま》制度が設けられ、ほどなく尾張と三河の立ち会いによって橋が架《か》けられた」とあり、ここが国境だった事実を物語る。

尾張と三河が統合されたのは、今から約一五〇年前のこと。一八七二（明治五）年に実施された廃藩置県《はいはんちけん》の際、当時名古屋県とされた尾張地方と、額田《ぬかた》県とされた三河地方が合わさって愛知県が誕生したのである。

しかし、隣接しているとはいえ、もとは別々の国であり、互いになじみがなかった。尾張国は木曽川をはさんで美濃《みの》国に接し、古代から美濃との交流が活発だった。また、中央との結びつきも深く、室町時代に斯波《しば》氏が守護となったのち、その下で守護代を務めていた織田氏が尾張の覇者となった。

他方、三河国は二つの国にわかれていたが、七世紀半ばに合体して誕生した。東隣の遠江《とおとうみ》国や北で接する信濃《しなの》国との関係が深く、中央とのかかわりは尾張に比べれば薄かったようだ。室町時代に幕府の経済基盤として御料所《ごりょうしょ》が置かれると、土豪の松平氏が台頭した。

このように、歴史的にみると、尾張と三河は、あまり交流がなかったのである。こうした背景があるためか、同じ愛知県民であるのにもかかわらず、今も尾張人と三河人は対抗意識を燃やしているところがあるという。三河人が「名古屋人と一緒にされたくない」といえば、尾張人は「三河などとんでもない田舎だ」と言い返すという具合である。

尾張人が三河を田舎というのは、岡崎市の中心部に新幹線の駅がないことを主な理由としている。旧都・岡崎に駅が作られなかったのは不思議な話だが、事情がある。

路線の急勾配を避けるために市街地の南側のルートがとられたからだ。実際に蒲郡駅を通るルートで岡崎を結ぶと、勾配が急になる。また、地盤が弱い点なども問題とされ、岡崎市は東海道線の経路から外れてしまったというわけである。

JR中央本線のホームが二階にあったり、地下にあったりする理由

名古屋駅から市街地を通り、木曽方面に向かうJR中央本線に乗って車窓を眺めていると、名古屋駅以降、坂道をアップダウンしているかのような感覚を持つ。

というのも、JR名古屋駅は地上二階にホームがあり、線路が高架を走っているのだが、五分ほどで着くお隣の金山《かなやま》駅のホームは地下。降車した人は階段をのぼって外に出なくてはならない。そのまた隣の鶴舞《つるまい》駅は再び高架となって二階にホームがあり、さらに隣の千《ち》種《くさ》駅はまたもや地下で、駅の外に出るために階段をのぼる必要がある……という具合だ。

このように市内を走る中央本線は、駅の高さを上に下にと変えながら、木曽の山へと向かっていくのである。じつはこれは、電車と駅をアップダウンさせているわけではない。上下しているのは、地形のほうである。

名古屋は中心の土地が周囲と比べて高い。この高台は熱田台地と呼ばれ、地盤が固い熱田層を中心に形成されている。台地の多くが市街地となっているのだが、標高は五〜一〇メートルあり、周囲の土地と高低差が生じる。

※中央本線の駅とホームの関係

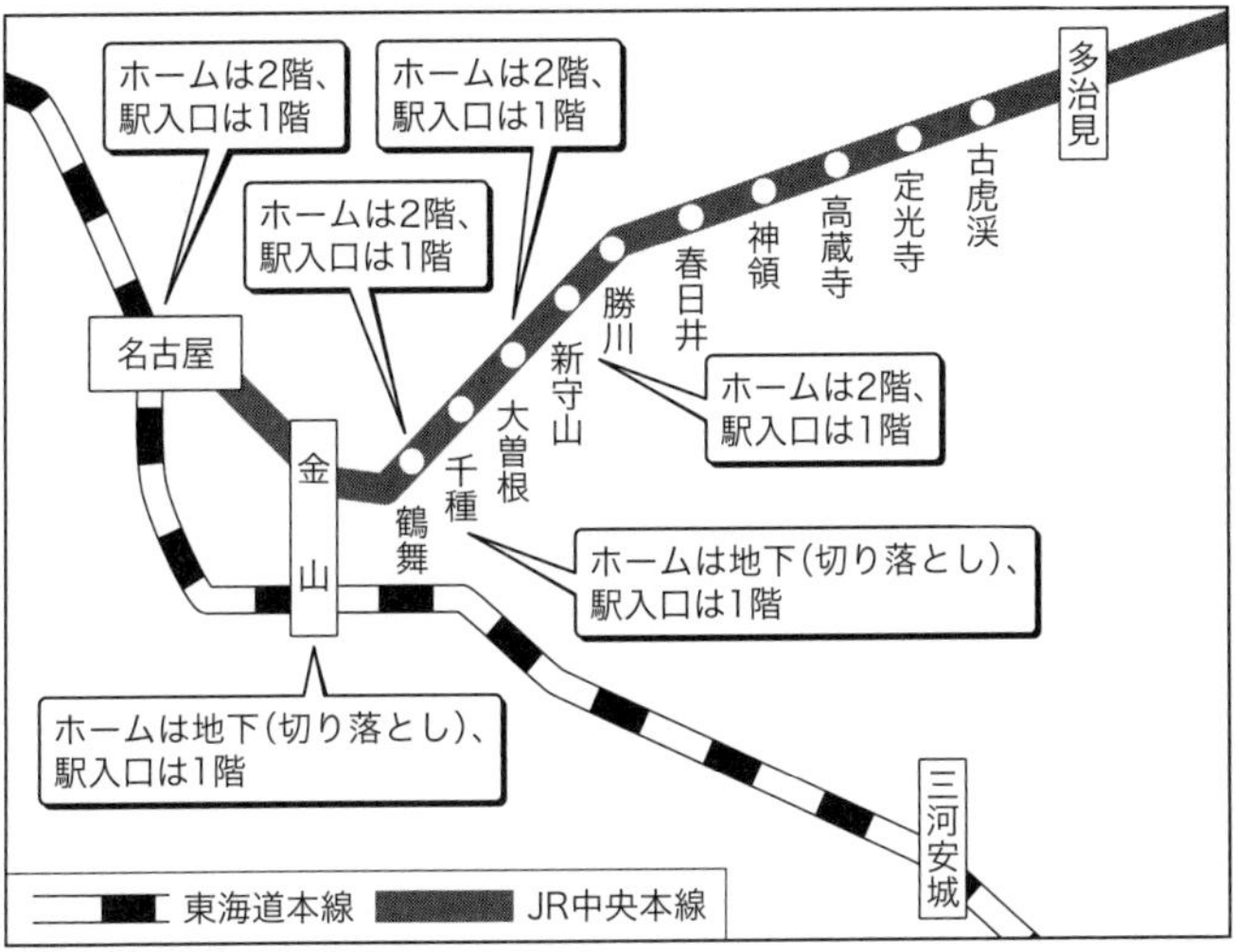

中央本線のホームは一駅ごとに地下にあったり2階にあったりする。高低差がある熱田台地に線路を敷く上で、効率よく工事を進めるための工夫である。

ＪＲ中央本線は、名古屋駅を出発すると、市街地をとり巻くように、台地を迂回し、その後、台地を横切っていくルートがとられている。

電車は車と違い、道路のように、高低差のある坂道を走らせるのが難しい。できるだけ同じ高さを維持して線路を敷設しようとした結果、沖積面の低地では、地面が低いため高架になり熱田台地の上は地面が高いので、地下に線路を敷設することになった。

つまり、線路が上下しているわけではなく、実際の地形の高さに合わせているのである。高低差があるがゆえに車窓の景色と駅の設置場所が変わるというのが真相である。

西からやってきた弥生文化が、三河を境にとまってしまった理由とは？

紀元前五～前四世紀頃、弥生《やよい》文化が朝鮮から九州北部に伝わった。

稲作をともなうその文化は、九州の縄文文化を塗り替えると、あっという間に列島を東進《とうしん》していったといわれる。

その文化の転換は、まもなく愛知県にも到達した。県内では清須《きよす》市の朝日《あさひ》遺跡内にある貝殻山貝塚《かいがらやまかいづか》や、一宮《いちのみや》市の元屋敷《もとやしき》遺跡、名古屋市の西志賀《にししが》遺跡などから、弥生時代前期の土器である遠賀川《おんがかわ》式土器が出土している。

これらの発掘調査から、愛知県もまた、西から東へ、稲作文化が受け入れられていく過程を知ることができる。

しかし、奇妙なことに尾張以東、三河に入ると、この土器がほとんど見られなくなるのだ。代わりに同時代の土器として三河で出土しているのが、縄文晩期の特徴を受け継いだ「水神平《すいじんびら》式」の土器。これは、尾張で稲作を含む前期弥生文化が浸透しているすぐ隣で、三河では縄文文化が続いていたということを意味している。

足踏みを続けていた弥生文化が三河地方に伝わるのは、弥生中期になってからだ（なお、豊橋《とよはし》市の白石《しらいし》遺跡は例外的に前期弥生時代の土器が発見されている）。

それにしてもなぜ、弥生文化の東進はとまってしまったのか。この理由として、いくつかの説が唱えられている。

一つに、大和《やまと》民族の弥生文化の進出を、三河の人々が拒んだという説がある。熱田神宮《あつたじんぐう》を拠点として、さらなる勢力拡大を画策していた大和民族だったが、三河の縄文民族がこれを拒否し、抵抗を見せたために、東進がとまったのだという。

また、尾張と三河が自然環境の分岐点だったことと関わりがあるのではないか、という考えもある。三河と尾張には、東日本の冷温帯落葉広葉樹林帯《らくようこうよう》と西日本の照葉樹林帯《しょうよう》という植生の違いがあるように、東日本と西日本のわかれ目であった。

尾張と三河を境に気候や環境が大きく変わるため、西日本では可能であった稲の生育・栽培法が三河ではうまくいかず、時間をかけて稲が品質改良されたことで、ようやく三河にも稲作が伝播したというのだ。

そのほかにも、東日本では山の幸、海の幸が豊富にとれたため、あえて稲作をとり入れるメリットがなかったという説もあり、理由ははっきりしていない。

かつての暴れ川・木曽川は、薩摩藩とオランダ人の努力によって現在の姿となった

現在、一本の大河として流れる木曽川は、かつて木曽山の木材の重要な運搬路として利用され、尾張藩の経済を支えていた重要な河川であった。その一方で、犬山方面からいくつもの分流が生じ、洪水が起こるたびに流れを変える暴れ川として、人々から恐れられてもいた。

川の恐怖を、尾張藩も黙って見過ごしていたわけではない。重要な水路を確保し、領地を洪水から守るため、一六〇九（慶長一四）年、現在の犬山市から弥富市までの約四八キロメートルに巨大な堤防（御囲堤《おかこいづつみ》）を築いたのである。

ところがこの地帯はもともと、岩盤と地盤が東から西へすべり込むようになっていて、河床が西側へ傾くという特徴があった。

そして堤防では低地が広がる濃尾平野への水の流れ込みを阻止することができず、美濃国側の木曽川下流域、長良川と揖斐川が合流する一帯に水害が集中するようになってしまったのである。

※輪中の構造（イメージ）

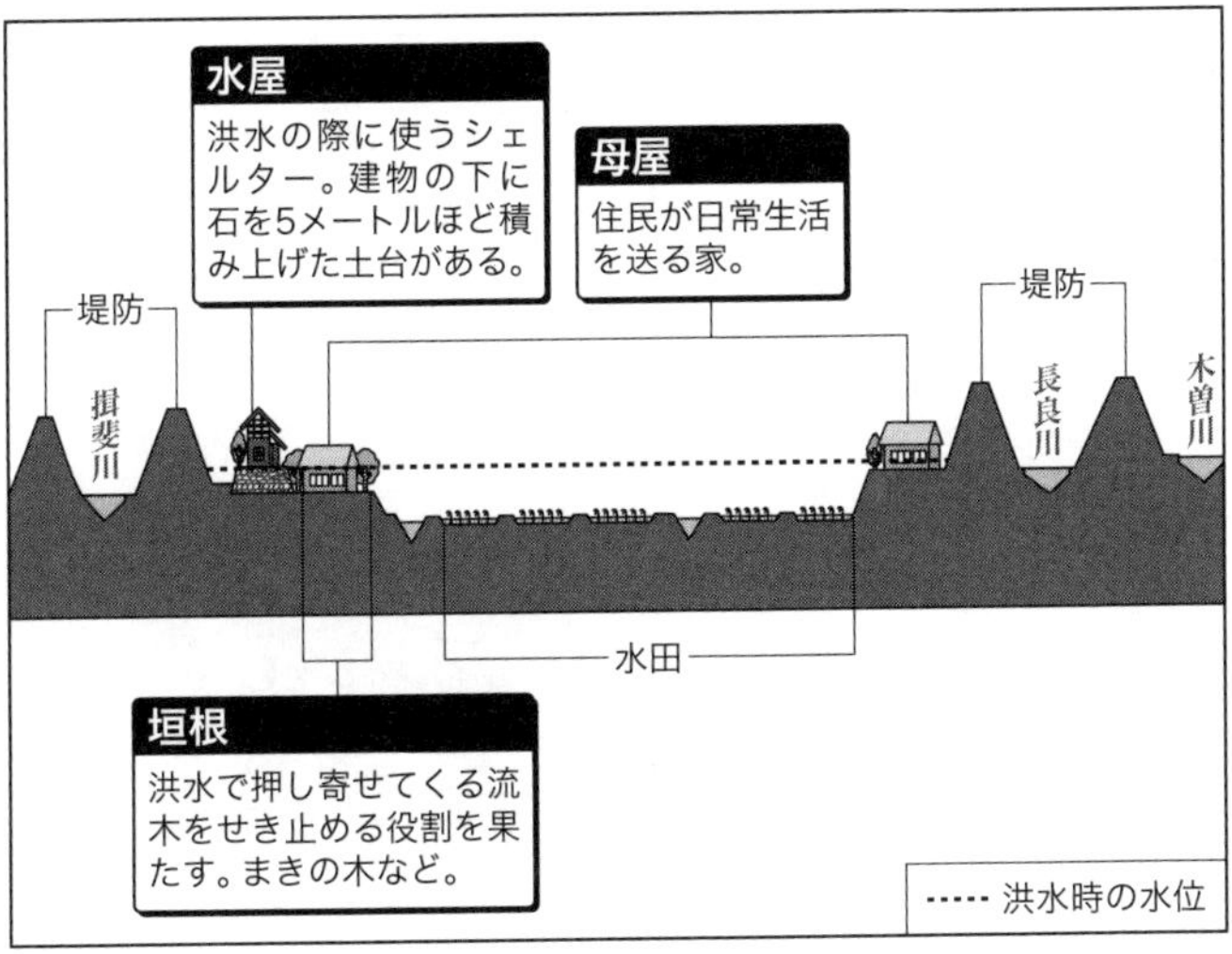

輪中に住民のうち、裕福な人は水屋と呼ばれる避難用の離れを設けていた。三川が氾濫し洪水が起きても、5メートル程度の増水に対応できる構造となっている。

　水害の被害は深刻で、一四五年間に起きた洪水の回数は、なんと一〇〇回を超えた。一帯の住民は、洪水から村を守ろうと、村落の周囲に土塁《どるい》を巡らした。

「輪中《わじゅう》」と呼ばれるもので、今でも木曽川周辺には輪中村落がある。

　裕福な人はこれに加え、「水屋《みずや》」という名の小屋を設け、洪水の際はそこへ逃げ込んだ。小屋といっても、石積みを土で固め、五メートル程度の高さを持つ強固な土台の上に設けた頑丈な建物であり、いわばシェルターだ（上図参照）。

　石積みに使われるのは、長さ六〇センチメートルにもなる米俵状の巨大な石。それを独特な工法で積み上げ、さらに土を詰めていく作業は並大抵のものではなかった。

作業の担い手たちは、全員の調子を合わせるために、「♪父さんのためなら　もう一つエンヤラ・コラサ～」と音頭をとった。

この土工は「ヨイトマケ」と呼ばれた。

宝暦治水事件とオランダ人技師の努力の果てに

しかし、個人の力には限界がある。暴れ川を押さえ込むには、本格的な治水工事が必要だった。一七五三（宝暦《ほうれき》三）年、幕府は薩摩《さつま》藩にお手伝い普請《ぶしん》として木曽三川大改修工事を命じた。

木曽三川とは、「木曽川」「長良川」「揖斐川」の総称だ。

長良川と揖斐川が合流する油島一帯に堤防を築かせるこの工事は困難を極め、二年の工期のあいだに、病死や事故死など多数の犠牲者を出した。

多くの犠牲をともなった宝暦治水工事だったが、木曽川の洪水はこれで完全になくなったわけではなかった。

時代が明治に移ると、政府はオランダ人技師ヨハネス＝デ・レーケを治水工事の調査に派遣した。大きな期待を寄せられたデ・レーケは、まず一〇年ものあいだ徹底的に調査を行なった。

そして分析を重ね、三川分流の計画案を提出。そして一八八七（明治二〇）大改修工事が開始されたのである。

工事は途中、濃尾平野を襲う大地震で中断され、予定よりも遅れたが、一八九九（明治三二）年、一応の完成にこぎつけた。その後も部分的に工事が進められ、最終的な作業完了を迎えたのは、明治の終わりだった。

現在の木曽川下流域に広がる大地は、薩摩藩とオランダ人という、異郷の人々の血と涙と努力の結晶だといえる。

〈取材協力〉

愛知県観光協会／名古屋市みどりの協会／名古屋市図書館／熱田区役所／中村区役所／岡崎市役所／南知多町役場／名古屋観光コンベンションビューロー／犬山市観光協会／知多観光協会／名古屋市交通局／日本ガイドウェイバス／名古屋テレビ塔／NTT西日本／桃太郎神社／常滑市役所

〈参考文献〉

『名古屋市史』、『基幹バス運行効果測定調査報告書』（以上、名古屋市）／『瀬戸市史』、『近世の瀬戸』瀬戸市史編さん委員会（以上、瀬戸市）／『熱田区誌』（熱田区）／『岡崎市史』（岡崎市）／『額田町史』（額田市）／『清洲町史』（清洲町）

『角川日本地名大辞典23　愛知県』角川日本地名大辞典編纂委員会、『なごやの町名』水野時二ほか（以上、角川書店）／『愛知県の百年 県民100年史23』塩沢君夫ほか、『愛知県の歴史散歩〈上〉尾張 歴史散歩23』『愛知県の歴史散歩〈下〉三河 歴史散歩23』愛知県高等学校郷土史研究会編、『県史23　愛知県の歴史』三鬼清一郎（以上、山川出版社）／『尾張名所図会絵解き散歩（増補版）』前田栄作、『奥三河の滝　十万年の旅』横山良哲、『愛知の地名　海進・災害地名から金属地名まで』中根洋治（以上、風媒社）／『愛知県の地名』下中邦彦、『47都道府県地名うんちく大全』八幡和郎（以上、平凡社）／『愛知県の不思議事典』池田芳雄編、『日本城郭体系9　静岡・愛知・岐阜』児玉幸多ほか（以上、新人物往来社）／『名古屋街かど歴史散歩―街の歴史を再発見する散歩、それは、宝さがしのようにエキサイティングな旅だ！』山田寂雀、『矢作川歴史紀行―川の流れのようにゆっくりふるさとを訪ねる旅』神谷素光（以上、郷土出版社）／『ナゴヤ全書―中日新聞連載「この国のみそ」』「この国のみそ」取材班編著、『なごや四百年時代検定公式テキスト』なごや四百年時代検定実行委員会（以上、中日新聞社）／『郷土資料事典〈23〉 ふるさとの文化遺産 愛知県』エム・アール・シー（ゼンリン）／『名古屋時代MAP―江戸尾張編』新創社編（光村推古書院）／『ぼくらの愛知県―郷土の地理と歴史』松井貞雄（ポプラ社）／『新風土記〈25〉愛知県』岩波書店・岩波映画製作所（岩波書店）／『地名の由来を知る事典』武光誠（東京堂出版）／『東海珍名所九十九ヶ所巡り』大竹敏之（デイズ）／『日本の地誌〈7〉中部圏』藤田佳久ほか編（朝倉書店）／『史跡あつた』熱田研究よもぎの会（名古屋泰文堂）／『歴史探索「徳川宗春」史料集1温知政要』（ブックショップ「マイタウン」）／『中村公園』浅井正明（財団法人名古屋市公園緑地協会）／『名古屋謎とき散歩―戦国の三英傑を育んだ歴史街を訪ねて』恩田耕治（廣済堂出版）／『地名ってこんなに面白い 名古屋市と近郊の地名の由来物語』梶田徹（進栄社）／『名古屋の地下鉄メモリアル50』（名古屋市交通局）／『鉄道「歴史・地理」なるほど探検ガイド』川島令三（PHP研究所）／『名古屋ルール』都会生活研究プロジェクト「名古屋チーム」（中経出版）／『名古屋まる知り新事典』牛田正行（ゲイン）／『これでいいのか愛知県・名古屋市』澤村慎太郎（マイクロマガジン社）

〈ウェブサイト〉
総務省／経済産業省／愛知県／愛知県公文書館／東京都北区／東京都板橋区／名古屋市昭和区／桑名市／半田市／八事市／清須市／豊明市／岡崎市観光協会／国立科学博物館／熊本大学／愛知県生涯学習推進センター／塩事業センター／名古屋市科学館／桶狭間古戦場保存会／JETRO（日本貿易振興機構）／OASIS都市研究所／名古屋市立鶴舞図書館／サカエ経済新聞／読売新聞／名駅経済新聞／中日新聞／名鉄百貨店／名古屋城／NPO法人宗春ロマン隊

監　修

大塚英二（おおつか　えいじ）

歴史学博士（名古屋大学）。愛知県史編さん委員会専門委員・愛知県文化財保護審議会委員・愛知県公文書館歴史資料アドバイザー・名古屋市文化財調査委員などをつとめる。1980年静岡大学人文学部卒業。1986年名古屋大学大学院文学研究科満期退学後、名古屋大学助手・愛知県立大学助教授・同教授を経て、現在愛知県立大学名誉教授。おもな著書に『日本近世農村金融史の研究』（校倉書房）、『日本近世地域研究序説』、『近世尾張の地域・村・百姓成《なり》立《たち》』（清文堂）、『隠れキリシタンの布教用ノート　吉利支丹抄物』（共編著、勉誠出版）などがある。

※本書は2014年7月に小社より刊行された『愛知「地理・地名・地図」の謎』の一部文章を加筆・修正し再刊行したものです。

じっぴコンパクト新書　413

JIPPI Compact

意外《いがい》と知《し》らない愛知県《あいちけん》の歴史《れきし》を読《よ》み解《と》く！
増補改訂版《ぞうほかいていばん》　愛知《あいち》「地理《ちり》・地名《ちめい》・地図《ちず》」の謎《なぞ》

2024年9月12日　初版第1刷発行

監　修…………大塚英二
発行者…………岩野裕一
発行所…………株式会社実業之日本社
〒107-0062 東京都港区南青山6-6-22 emergence 2
電話【編集】03-6809-0473
　　【販売】03-6809-0495
https://www.j-n.co.jp/
印刷・製本…………大日本印刷株式会社

ISBN978-4-408-65104-0（第二書籍）